# 2016～2017

# 全球投资市场蓝皮书

2016-2017 GLOBAL INVESTMENT MARKETS BLUE BOOK

下册 · 海外房产

FX168金融研究院　编

上海财经大学出版社

**图书在版编目(CIP)数据**

2016～2017全球投资市场蓝皮书 / FX168金融研究院编. —上海：上海财经大学出版社，2017.3

ISBN 978-7-5642-2688-6 / F.2688

Ⅰ. ①2… Ⅱ. ①F… Ⅲ. ①金融投资－金融市场－研究报告－世界－2016～2017 Ⅳ. ① F831.5

中国版本图书馆CIP数据核字（2017）第043778号

□ 责任编辑　石兴凤
□ 封面设计　JUN Studio

2016~2017 QUANQIU TOUZI SHICHAHG LANPISHU
**2016~2017全球投资市场蓝皮书**
**下册・海外房产**

FX168金融研究院　编

上海财经大学出版社出版发行
（上海市武东路321号乙　邮编200434）
网　　址：http://www.sufep.com
电子邮箱：webmaster@sufep.com
全国新华书店经销
上海景条印刷有限公司印刷装订
2017年3月第1版　2017年3月第1次印刷

889mm×1194mm　1/16　8.5印张　175千字
定价：168.00元

# 序言

随着农历丁酉鸡年的来临，FX168金融研究院全球投资市场蓝皮书也进入了第二个年度的出版发行。而《2016～2017全球投资市场蓝皮书》地产部分，其实是对刚刚过去的农历丙申猴年全球房产市场变动及其走势进行了全面梳理和深度挖掘。

猴年最为忙碌的非美猴王孙悟空莫属，而全球的房产市场也就像孙悟空大闹天宫一样，热闹纷呈、惊心动魄。英国脱欧、特朗普当选、恐怖袭击发生、经济疲软持续、美元加息走强、人民币国际化受阻、西方民意反弹、房市政策突变等，这些无不对世界各地的房产市场产生巨大的影响，也令中国投资者犹如凤凰涅槃，浴火重生。

俗话说，乱世造英雄，而如今的乱“市”出“英雄”已经完全不是“狭路相逢勇者胜”的时代那样简单，成功的投资者更需要的可能是孙悟空手中的如意金箍棒。显然，如意金箍棒难求，而《2016～2017全球投资市场蓝皮书》地产部分却不失为一个现实有效的工具，可以帮助投资者在纷乱的全球房市中立于不败之地。

首先,蓝皮书紧紧把握城市乃房产市场之命脉。在中国内地以城市化为主旋律的房产市场蓬勃发展的同时,全球的城市房产市场也随着经济活动的重心重新向大中型城市集中而日趋活跃。当今世界500强企业掌控着超过7成的全球贸易活动,这些企业的总部及其控制的产业链大多分布在各大洲的主要城市中,从而使各地城市的商住房产发展充满活力。全书选取24个城市,涵盖北美、欧亚、大洋洲,分布14个发达国家。通过对这24个城市的逐个梳理,可以清晰地把握主要成熟市场的房产市场现状、趋势及投资机会。

其次,蓝皮书时时保持市场分析客观平衡之准绳。在信息爆炸的时代,市场上各类分析资料众多,仁者见仁,智者见智。但本蓝皮书自始至终从宜居水平、综合成本、短期潜力和长期稳定四个方面对各地市场进行逐一评估,而且以通俗易懂的苹果与苹果的比较,保证其准确性而不失可读性。特别值得指出的是,蓝皮书对2016年影响全球房产市场的重大事件的整理描述可谓独具匠心。通过对主要国际性事件的发生及其影响的分析,对习惯于中国内地市场逻辑思维的投资者而言,相信具有很大的启发作用。

最后,蓝皮书牢牢扣住华人投资房产市场之心态。就像华人喜欢吃中餐一样,针对华人的投资分析也有适合华人的口味和心态。因此,蓝皮书中特别加入大量的"对华"因素,投资货币单位也尽量以大家熟悉的人民币进行折算比较,这样非常适合华人投资者自动对号入座,产生共鸣。

我们非常高兴地看到,2017年的蓝皮书较上年的版本已有很大的进步和完善,但毕竟还是一个快速成长的两岁的"小Baby"。我们期待着FX168金融研究院全球投资市场蓝皮书的茁壮成长。

加拿大温哥华总部促进局执行总监

**张康清 (Kenny Zhang)**

2017年2月8日(农历丁酉年正月十二)

# 导言

房产可以说是人类历史中最古老的资产之一。自从人类社会产生私有制和财产的概念，房产就成为伴随人类发展的社会重要组成部分。经过数万年的社会发展，人类对于房产的认知从最初的洞穴、茅草屋到砖瓦房、城堡，再到钢筋水泥大厦和精工细作的木质别墅，从外观和实用性上经历了翻天覆地的变革。但房产一直被人们关注的地位没有发生本质的改变。在21世纪的今天，房产仍然受到从专家、学者到百姓家庭广泛的关注。关于房产市场的研究则随着信息时代的发展脚步被赋予全新的意义。

FX168金融研究院在2016年初发布了《2015～2016全球投资市场蓝皮书》。在地产部分中，我们罗列并简单地介绍了全球值得关注的数个房产投资市场。而在《2016～2017全球投资市场蓝皮书》地产部分中，我们将继续按照上年的方向，在2016年数据的基础上对各个重要房产市场进行纵深挖掘。我们希望能够通过数据与事实分析的方式，帮助投资者更清晰地了解全球房产市场的本质，并为投资者提供购买建议以及对未来趋势的展望。

本次蓝皮书按照城市划分房产市场，从全球相对热门且适合中国投资者操作的市场中选出24个城市进行分析和对比。我们仍然主要按照四项评分角度对各个房产市场进行分析。四项评分分别是：宜居水平评分、综合成本评分、短期潜力评分和长期稳定评分。为了方便读者理解各项评分背后的出发点和用意，我们在这里先对每一项评分进行简单的介绍。

### （1）宜居水平评分

与股票等投资产品不同，房产投资最大的一个特点就是可以为投资者提供遮风挡雨、享受生活的居所。大部分房产投资者本身对于房屋环境、位置等属性也非常挑剔。按照我们选取的城市作为房产市场研究范围的做法，城市的气候、环境、人文等居住条件就成了各个市场之间比较的重要依据。

目前世界上有多家机构每年都会评出全球宜居城市排行榜。包括经济学人、美世、英国时尚杂志Monocle等机构对于一座城市是否适宜人类居住均有不同的评比标准。最终的结果在某些方面可能会非常类似，在另外一些方面则会南辕北辙。本次蓝皮书在这一点上，也有属于自己的特点。鉴于蓝皮书面向的是广大华人投资者，所以与欧美研究机构最大的区别就是，本次蓝皮书在宜居程度上加入了大量的“对华”因素，这一点将与自然环境、城市文化、政治经济等因素一起，作为评比一个城市房产市场是否适宜华人投资者居住的关键因素。

### （2）综合成本评分

成本或者说价格作为投资产品来说，是决定投资最直观的量化依据。在比较各城市投资成本的问题上，各个城市之间包括汇率、税收政策、房产管理条例甚至房产市场产品本身的区别都会成为横向比较的障碍。但通过介绍价格标准、税收政策等方面的基本信息，我们也可以将各个不同的房产市场放在一起进行简单的对比。

不同房屋类型很难放在一起进行价格比较，在这一部分，考虑到大部分高净值读者的需要，我们以500万元人民币在各个城市的购买力进行简单横向比较。另外，我们也提供各城市公寓单位面积价格作为协助参考数据。但鉴于世界各地房产市场的结果不同，价格仅仅是横向比较的一种相对参照物，我们并不建议投资者将这些价格数据作为实际投资时的参照。这一部分中，既考虑了购房时的一次性成本，又考虑了购房之后的税务等固定开销。

### (3)短期潜力评分

前面我们说过，单纯在价格上，横向比较各个不同房产市场是存在误差的。相对来说，对于一个市场自身的纵向历史比较更加具有实际意义。但有一点对于投资者来说，是非常重要同时也很容易进行横向比较的，那就是资产的真实增长率。所以本次蓝皮书在这一部分，将重点评估各个市场短期的价值增长潜力。

增长潜力方面，我们主要的评估依据有两点：第一点依据是来自价格波动本身。一个市场究竟是处于价格低迷的阶段，还是处于上升趋势，或是峰值已过，缺乏增长动力，这些因素都会成为我们预测房价未来一年增长潜力的重要依据。第二点依据将是该房产在2017年面临的影响因素。房产市场在未来一年是否面临重大政治、经济事件等情况将帮助我们在价格趋势的基础上，进一步完善对房产市场短期增长潜力的评估。

### (4)长期稳定评分

在这一部分的评分中，我们以价格为主要评估目标，以长期居住以及家族遗产等方面为辅助考量。评估的时间范围将会尽量延长。房产是一种可以长期投资，甚至前后经历几代人持有的投资标的。所以一个房产市场是否稳定将成为决定长期投资是否成功的关键。

这一部分我们会对房产市场的本质进一步进行深度探索。当地政治、经济形势是否稳定、房产市场是否健康等因素都会被放在这一部分进行考量。我们会选出几个最值得关注的长期的房产市场支撑因素以及长期内需要担忧的一些风险因素，对每一个市场进行分析和比较。

本次蓝皮书介绍和分析各个房产市场用到很多数据。其中除外汇汇率数据是来自国际通用汇率报价之外，其他很多数据是由海外机构进行统计的。这些数据由于统计样本不同，可能与真实数值之间存在误差。但为了追求数据的统一性和可比性，我们尝试在编写过程中尽量使用同一来源的数据。

各个房产市场中房屋税率等数据均来自各个国家或地区的政府网站。更新截止日期为2016年12月31日。房价、售租比数据来自美国Numbeo房产数据库。该数据库房价为公寓平均单位价格，售租比也基本上按照公寓价格计算得出。每个城市的样本基本在500个以上。在美国等市场中，独立别墅的价格与文中描述的目标价格可能会有出入。这里我们罗列公寓价格是为了比较类似市场之间的价格差距，仅供投资者参考。具体的实际房屋价格请各位投资者按照当地当时的实际情况为准。

各国房价指数及房价涨幅计算标准各有不同。本书中，对于美国房价数据，我们采用的是圣路易斯联储房价指数数据。加拿大房价数据采用的是加拿大地产协会(CREA)房价指数数据。伦敦数据来源于英国Nationwide建筑协会。巴黎数据来自法国地产研究机构CGEDD。柏林、维也纳、巴塞罗那、日内瓦等地因为缺少当地完整的数据库,房价涨幅主要以当地地产机构报告的结果以及欧洲央行对该国家房价统计的数据作为参考。亚洲各国房产数据基本上来自各国央行或统计局的数据库,唯独迪拜数据是来源于当地一些地产公司的统计。澳大利亚的数据来自澳大利亚统计局,而惠灵顿的数据则来自当地房产协会。需要注意的是,本书大部分房产市场引用了当地房价指数,这种数据主要是以某一年房价为100的基准点,计算其他年份与基准点年份的房价差距。该数据的数值本身仅供参考,数据主要体现的是不同年份价格之间的走势和差别。

## 第1部分　2016年全球房产市场简述

## 第2部分　2016年影响全球房产市场的重大事件



## 第3部分　兵马未动，粮草先行：资金准备及贷款申请

# 第1部分

# 2016年全球房产市场简述

2016年对于房产市场是全然不同的一年。在这一年中，房产市场经历了一些前所未有的冲击和波动。某些房产市场出现剧烈波动，而另一些曾经热门的房产市场则悄然冷却并开始趋向于价格调整。诸如英国脱欧公投、美国大选、恐怖袭击等政治事件对于房产市场产生的影响尤为明显和密集。而全球经济形势以及资金流动为个别房产市场带来的惊人涨幅也是数十年内少见的。我们将会在2016年影响房产市场的大事件中对上述的一些事件对个别城市房产市场产生的影响进行具体分析。但在这一部分，我们将会首先概述房产市场整体的趋势。

从政治角度看，英国脱欧的突然、美国大选的纷乱以及恐怖袭击的恐慌为房产市场带来了全然不同的新走向。在全世界范围内有选择能力的房产投资者们看到了一国政治对于房市的巨大影响，也认识到房产市场剧烈的波动。但从另一个角度看，在经历了2016年数个政治相关事件的影响之后，投资者的心理准备也获得了提升。在英国脱欧和恐怖袭击等突发事件面前，我们看到欧洲房产市场尽管出现波动，但从长期看仍然保持了相当的稳定性。这也从另一方面印证了房产的保值属性。相比股市、汇市和期货市场的潮起潮落，房产市场2016年10%～20%的波动已经算是非常稳定。这更成为需要保值的投资者追求房产的核心因素。

从经济角度看，全球过去两三年都以经济疲软、增长缺乏动力为主要基调。不管是加息迟疑不决的美国,还是仍在量化宽松的欧洲,包括增长速度持续降低的中国,经济的疲软让更多的资金流入房产市场。这就造成了很多热门房产市场在2015年以及2016年年初价格大幅攀升。不过房市价格的攀升毕竟有限,同时也受到政府严格的监管。所以在2016年年初的攀升之后,一些地区的房产因为价格高企而导致需求降低或是政府直接干预。全球数个最火热的房产市场都出现了不同程度的冷却。然而,随着资金仍然不断地流向其他可供选择的市场,一些过去所谓的“二线城市”逐渐在2016年下半年开始在增长势头上实现赶超。如温哥华房市在暴涨超过30%之后于夏天开始逐渐冷却,但同为加拿大城市的多伦多、临近温哥华的美国城市西雅图则继续上涨并开始表现出强劲的动能。旧金山房市2016年出现明显冷却但加州附近的城市则继续保持涨幅。总体来说,资金的流向对于房产市场的价格大趋势仍然是有推动作用的。而这种趋势需要等到其他投资领域的形势出现非常吸引人的改变才可能转向。

随着经济疲软的延续,各国政府都打起了游客和海外投资者的主意。最近几年,一些国家对于旅游签证的政策限制逐渐放开。尽管在个别过热的房产市场中,政府扮演了阻止海外投资者购买房产的角色,但在全球化提速的大环境下,投资者尤其是中国投资者到海外购买房产已经成为一种非常普遍的现象。在这种趋势下,房产市场面向的客户群体已经从以前单纯的本国投资者,变成了更多面向海外投资者的局面。这使某些市场也发生了改变,比如华人投资者热衷的美国、加拿大、澳洲市场中,针对华人喜好的销售、建筑模式越来越多。华人或是说中文的经纪人等服务人员的数量也在大幅增加。这使得华人在投资海外房产市场时,相比5年前或是10年前要更加容易。但在另一方面,由于房价高企对于个别市场的巨大影响,华人在个别房产市场受到的质疑和指责也随之而起。这在2016年部分地区房产市场中,直接影响了当地政府政策的改变。

# 房产市场综合评分

## （一）美国

### 1. 纽约：宜居评分★★★☆☆

纽约是世界最大的城市之一，从政治、经济、文化等多方面都可以算是大城市最典型的范例。纽约市区人口达到800万以上，整个都会区的人口更是接近2 000万，是美国人口最密集的都会区。纽约是美国的金融、文化中心，居民平均收入在全美国排在前列。作为世界很多大型企业的总部所在地，纽约市在高净值人士数量上也绝对不输给世界上任何其他城市。这些情况让纽约的房产市场拥有了自己独特的属性。整体来说，纽约独特的魅力吸引了全世界的房产投资者，但同时，由于纽约在世界城市中的特殊地位，想要驾驭当地房产，对于投资者来说，要求也相对较高。

**宜居评分：★★★☆☆**

**美世生活质量调查排名：第44名**

纽约地处美国东北部，位于哈德逊河入海口，北面是一望无际的美东大平原，而东南面则是大西洋。整体来说，纽约的气候偏向中性，尽管年降雨量达到1 144毫米，但湿气难以保存，空气相对干燥。1月的平均气温为−1℃，7月的平均气温为25℃。尽管夏季会偶尔出现暴雨天气，但当地全年大部分时间都是晴天。

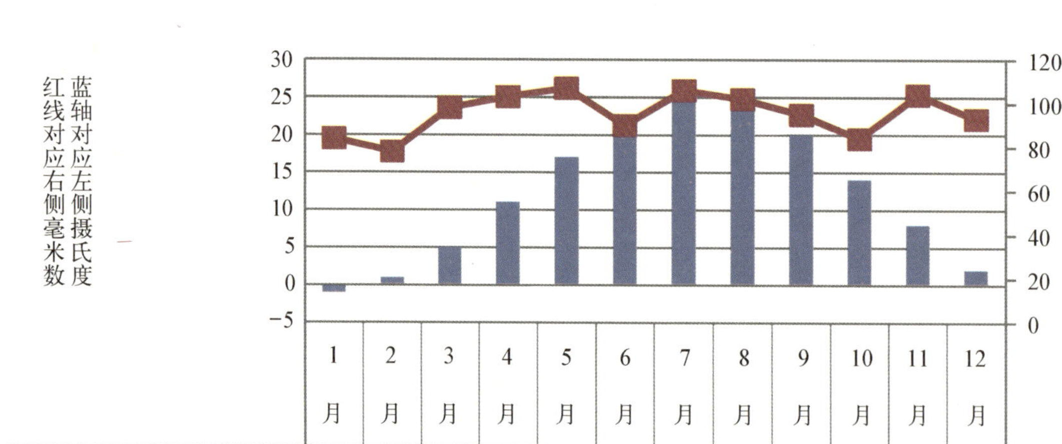


| | 1月 | 2月 | 3月 | 4月 | 5月 | 6月 | 7月 | 8月 | 9月 | 10月 | 11月 | 12月 |
|---|---|---|---|---|---|---|---|---|---|---|---|---|
| 月平均温度(℃) | −1 | 1 | 5 | 11 | 17 | 22 | 25 | 24 | 20 | 14 | 8 | 2 |
| 降雨量(毫米) | 84 | 78 | 98 | 103 | 107 | 90 | 106 | 102 | 95 | 84 | 104 | 93 |

图1　纽约的气候概况

作为美国东北部传统重工业中心之一，纽约的空气质量相比北美西部城市要差一些，但在市政府将大型工业企业搬离市区多年之后，当地的空气质量已经保持在良好的范围内。PM2.5含量全年平均值仅为30左右，极端情况也刚刚超出60。主要的空气污染排放来自纽约都会区上千万的人口。单从环境来讲，纽约在全球大都会范围内算是中游，温和的气候适合大部分来自温带中国地区的投资者居住。

作为世界最大的都市，纽约在社会和人文方面优势和劣势并存，这让当地在宜居程度上处于房产市场中游的位置。作为市区拥有800万人口的城市，纽约的市区拥堵程度其实还算不错。虽然当地的交通日均吞吐量排在世界前列，但是，在一些杂志评出的“最拥堵城市”排行榜中，纽约上榜并不频繁，偶尔出现几次也排不到最前面，这主要归功于历史悠久的城建工作以及纽约州充足的政府资金。

纽约的城市治安虽然之前有一些不太光彩的历史，但近些年随着政府大力整治，情况已经相比过去几十年有明显好转。尽管黑帮等问题仍然不能根除，但抢劫、盗窃财产等犯罪数量连年下降。这一点，对于投资当地房产的人们来说还算是个好消息。

纽约地区约有60多万华人人口，约占总人口数的7%。也有报告指出，如果算上流动人口，当地华人能够达到80万～100万。当地华人超市、餐厅数量众多，而且质量很高。当地华人移民社区历史悠久，尽管在美国一直存在一些种族歧视问题，但近年来华人的社区族群意识越来越强，包括2016年发生的梁彼得案件等事件也体现了华人社区具有一定的影响力。整体来说，尽管华人仍然不是纽约社会的主要族群，且歧视也会偶尔发生，但这种情况并不足以影响华人在纽约的整体生活质量。

纽约的城市整体教育水平处于美国中上游，但整个都会区的教育质量参差不齐。这里既有全美排名前十的学校，也有全美排名倒数的学校。高质量的学校均分布在富裕的社

区，入住这些社区本身的价格已经不菲。不过，美国的大量常青藤名校分布在纽约附近的美国东北部地区，从这一点来看，当地整体的教育吸引力算是我们本次研究的美国几个城市中较高的。

**综合成本评分：★★☆☆☆（成本较高）**

纽约寸土寸金的曼哈顿市区主要的房产基本是公寓。而外部市郊地区则更多的是独立屋和联排别墅。其中最为抢手的曼哈顿公寓，按照位置不同，平均单元价格可以达到100万～200万美元。而纽约郊区尽管也有价格相对便宜的独立屋，但便宜的地区通常也是治安较差的区域。当地买房除了房款之外，交易时还需要缴纳产权保险费约0.4%、房屋转让税1%～1.425%（按照房价高低税率不同）、律师费约0.16%以及包括房屋检查费在内的其他杂费。

纽约市中心公寓平均房价约为每平方米9.1万元人民币。持有500万元人民币，按照2016年底的美元兑人民币汇率，在纽约可以购买中央公园附近10年新的两室公寓，面积为60平方米。500万元人民币也可以在纽约华人区法拉盛附近买到修建年数较为久远的小型独立屋，三间卧室，面积大约为120平方米。购房需要额外缴纳大约13万元人民币的各类税费。纽约地税较贵，每年地税大约为房价的2%。拥有该处房产之后，每年的房产税加物业费额外开销大约为20万元人民币。如果想要购买相对较新的房屋，那么开销可能会成倍增长。

图2

纽约在全球各大城市中绝对可以算是房屋开销比较大的市场之一。其中尤其以购买后的成本最为繁重。当地同时也是美国房租水平较高的城市之一。纽约房屋的售租比达到19.52,每年的租金收入只能勉强负担地税和管理费。

**短期潜力评分:★★☆☆☆**

从短期价格走势的角度看,纽约的房价目前遇到一些继续上涨的阻力。一方面,在经过2013～2014年前后房价回暖的活跃期之后,新屋供给逐渐回升。更多的公寓进入纽约房产市场,这在一定程度上阻碍了房价进一步上涨。另一方面,作为美国房价较贵的地区之一,纽约的房价与当地工资水平的比例是目前北美地区最高的,一部分当地居民早已不能负担高昂的房价。实际上纽约靠近市中心的房屋,大部分都是由当地人口中少数的富裕阶层或是外来人口支撑的。在这种情况下,作为世界第一线的城市,纽约的房价短期内尽管存在上涨空间,但涨幅已经不会太大。

纽约房价在2016年的累计涨幅大约为4%,不过在2016年下半年涨势已经开始有后继乏力的迹象。2017年纽约房价的涨幅可能不会达到2016年的水平,会在3%上下。如果有突发的情况发生,则会出现小幅同比下滑的可能性。

2017年对于纽约房产市场影响最大的可能就要算特朗普当选美国总统之后的政策走向了。作为美国的经济中心,不管是美国的经济还是金融方面出现任何的风吹草动,纽约的房价都可能有所反应。如果特朗普的政策带动美国投资情绪高涨,那么纽约的房产可能有进一步攀升的趋势。但如果特朗普政策给美国投资者带来恐慌情绪,那么局势将会非常混乱。如果出现类似的情况,参考英国脱欧后的伦敦房市,我们认为纽约的房市也会震荡,也有可能出现短线下跌,但下跌不会太久,幅度也不会太大。

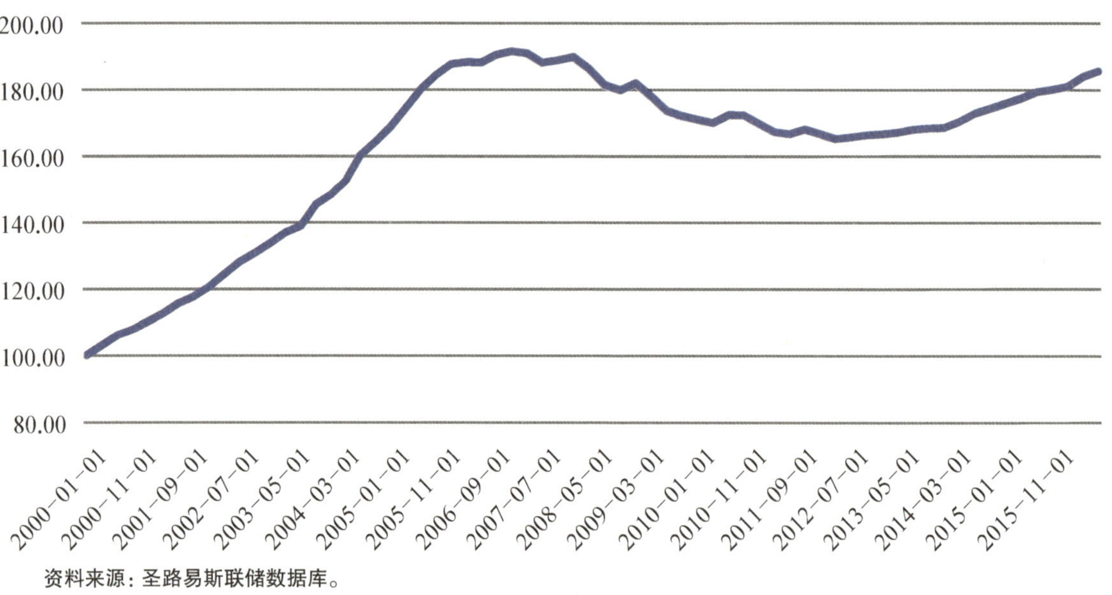


资料来源:圣路易斯联储数据库。

图3 纽约的房价指数

**长期稳定评分：★★★★☆**

支撑因素一：纽约的国际经济地位

作为世界第一大经济体中最大的城市，同时也是世界经济的绝对中心之一。纽约州的GDP大约为1.4万亿美元，这个水平基本相当于加拿大或者俄罗斯全国的GDP。纽约本身的人口基数、经济规模以及在国际大都会中毫无争议的地位成为这个城市房产市场最大的支撑要素。纽约在世界上的地位重要到我们甚至难以想象什么情况下当地的房产可能出现大幅崩盘的局面。是美国经济崩溃还是“后天”级别的重大自然灾害？除此之外，当地房产即使在美国最艰难的情况下，相对于世界其他城市仍然具有难以抗拒的吸引力。

支撑因素二：多元化移民背景

纽约在很多方面可以说算是美国这个移民国家的门户，同时也是缩影。自由女神像是很多海外移民第一次接触美国的标志性建筑。当地已经发展了上百年根深蒂固的移民文化，让移民能够更快融入美国人种大熔炉的生活。当地的各种移民也吸引了更多的海外人士移居纽约。从这个角度看，即使排除人口自然增长的影响，纽约对于房产的需求也将会继续保持稳定。

支撑因素三：人口基数

纽约市人口超过800万，附近都会区人口更是接近2 000万，在欧美国家中，这种人口规模已经算是非常庞大了。人口本身支持着纽约房产市场的需求。

风险因素：城市老化，基础设施陈旧

纽约市数百年的历史以及很多别具风情的老式建筑是当地的一大特色，但同时也给纽约带来了一些问题。建筑本身以及很多基础设施相对陈旧，同时在纽约人口众多的环境下，这些建筑和基础设施更换起来非常困难。这在长期将为纽约市房产带来挑战。政府和规划机构已经注意到这方面的问题，并在不断地尝试和寻找解决办法，但未来这个问题究竟是能够被解决还是会继续恶化，目前还不能确定。

### 2. 华盛顿：宜居评分★★★☆☆

作为美国的首都，华盛顿特区的政治地位在美国无可替代。而当地劳动力市场受到政府及大量机构总部的带动长期以来都在美国保持非常稳定的走势。大量中产阶级的存在也使华盛顿地区成为美国各城市中房产市场发展最为稳健的城市。不过与中国的首都北京不同，华盛顿是一座“为了成为首都”而建立的城市。除了政治地位之外，华盛顿在金融、商务和文化上的整体影响力实际上要稍逊于纽约和洛杉矶这东、西两大都会。但另一方面，华盛顿本身浓厚的政治色彩又给当地经济赋予了其他城市不可能拥有的优势，这一点也可以延伸到房产上来，让华盛顿的房产市场具有与众不同的吸引力。

**宜居评分：★★★☆☆**

**美世生活质量调查排名：第51名**

华盛顿地处美国东部大平原，市区有波多马克河和安那考斯迪亚河交汇。当地的气候温和、湿润，全年雨水充足，年降雨量为1 023毫米左右。1月的平均气温为1℃，7月的平均气温为25℃。当地四季分明，尤其春秋两季，气候非常适合出行。由于华盛顿特区附近的几个州基本是农业州，工业活动相对较少，所以当地的空气质量保持在比较高的水平。PM2.5含量全年可以保持在20以下。

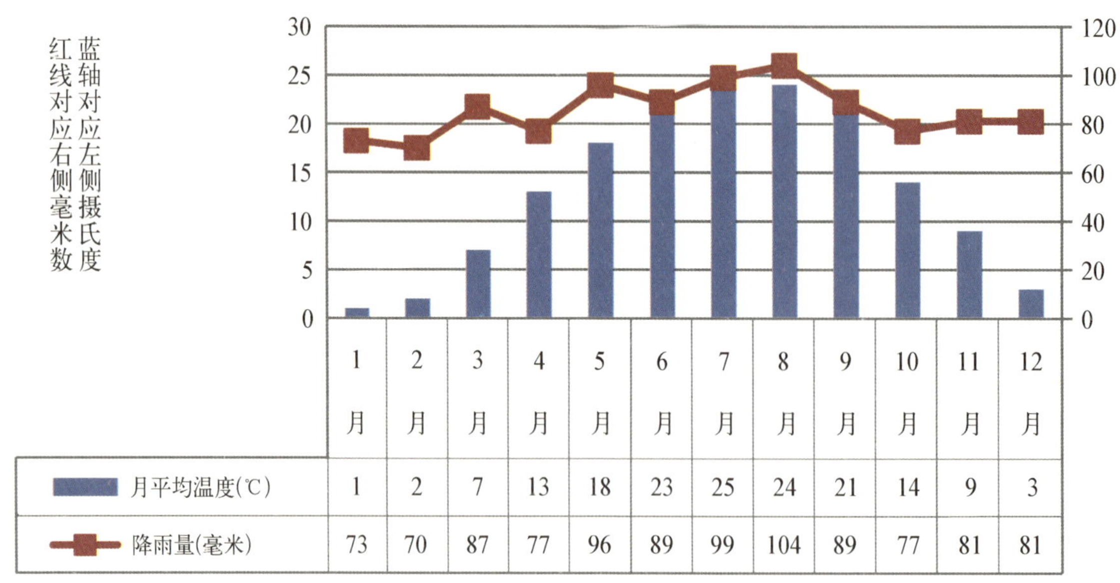


| | 1月 | 2月 | 3月 | 4月 | 5月 | 6月 | 7月 | 8月 | 9月 | 10月 | 11月 | 12月 |
|---|---|---|---|---|---|---|---|---|---|---|---|---|
| 月平均温度(℃) | 1 | 2 | 7 | 13 | 18 | 23 | 25 | 24 | 21 | 14 | 9 | 3 |
| 降雨量(毫米) | 73 | 70 | 87 | 77 | 96 | 89 | 99 | 104 | 89 | 77 | 81 | 81 |

图4　华盛顿特区的气候概况

华盛顿的交通情况并不是一个为当地居民乐道的亮点。实际上，作为美国的首都，华盛顿素来有“北美最拥堵城市”之称。不过当地由于是首都的特殊情况，治安在美国大都会中算是数一数二。毕竟作为美国的政治中心，安保措施的严密程度和政府的重视程度绝对堪称全美第一流。当地华人社区尽管成立的历史不长，但也继承了华盛顿特区严谨的特点，井然有序。这一点比纽约和旧金山上百年相对破旧的老唐人街要好得多。

华盛顿州的教育水平绝对能够在全美国排名前列，而且平均水平非常稳定。当地基本上没有哪个区的教学质量与整体水平相差太多。

整体来说，如果不考虑拥堵的交通，华盛顿在全美国各大城市宜居水平上完全可以排在最前列。即使在当地交通拖后腿的情况下，相对稳定、安逸的工作和生活环境也让当地在宜居水平上获得不错的评价。

**综合成本评分：★★★☆☆**

华盛顿郊区房产多为独立屋和联排别墅。大部分多层公寓分布在市区。市区公寓平

图5

均价格大约为每平方米4.36万元人民币。持有500万元人民币，按照2016年底的美元兑人民币汇率，在华盛顿可以购买一栋2016年新建成的靠近白宫的两室两卫公寓，面积为100平方米左右。你也可以选择位于白宫背后、1923年由著名设计师设计的两室一卫老式公寓，面积大约为120平方米。另外，如果你想要到郊区选择大一点的独立别墅，500万元人民币在华盛顿可以买到北郊大学区附近300平方米左右的独立屋。当地买房除了房款之外，交易时还需要缴纳一次性过户费700美元、房屋转让税1.1% ～ 1.45%（按照房价高低税率不同）、房产证保险0.4%左右以及包括房屋检查费及其他杂费。按照上面500万元的标准，购房需要额外缴纳大约14万元人民币的各类税费。华盛顿特区的地税大约为0.85%。拥有该处房产之后，每年的房产税加物业费额外开销大约为10万元人民币。

华盛顿在全球各大城市中房价相对较高，但日常开销比美国最贵的纽约和旧金山要低一些。华盛顿房屋的平均售租比为12.44，由于地税相对较少，租金应付地税和管理费开销绰绰有余。

**短期潜力评分：★★★☆☆**

华盛顿在2017年的房价走势目前被很多分析机构看好。我们对于华盛顿房价的走势也是保持相对乐观的态度。与纽约、旧金山等地相比，当地的房价与居民收入的比例较低，房屋的可负担水平并没有超出当地居民的能力范围。同时，相比一些大城市拥有更多的商业投机行为，华盛顿更多的购房者还是自住或者长期投资的出租类型。从增长空间上来

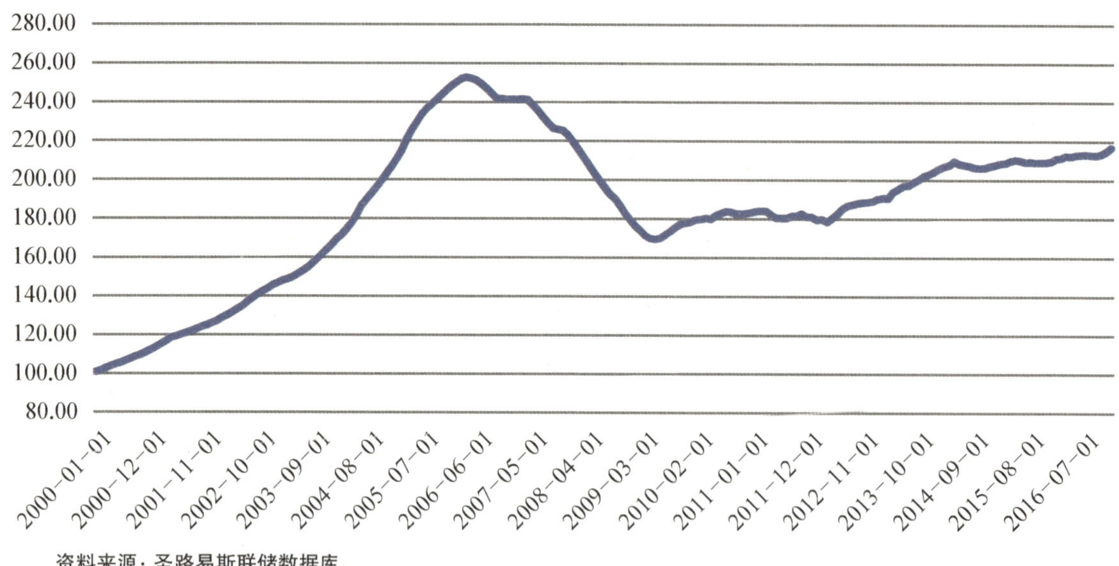


资料来源：圣路易斯联储数据库。

图6　华盛顿特区的房价指数

说，华盛顿房价在没有其他外力影响的情况下继续保持目前的涨幅是没有问题的。而且从成本的角度讲，华盛顿大部分房产比起纽约和旧金山来说价格要合理得多，这将继续吸引那些难以在高房价地区负担房屋开支的居民进入华盛顿市场。

华盛顿向来不是一个房价涨幅很大的地区。2016年当地的房价涨幅基本上保持在5%左右，我们认为这个涨幅将会继续延续到2017年。

2017年，华盛顿房产市场需要考虑的可能是库存问题。作为美国的首都，当地摩天大楼的数量并不是太多。新建公寓很多都是10层左右的中层建筑。而政治区域划分的情况让华盛顿能够开发的住宅用土地相对较少。库存稀缺对于房价来说是一个积极的推动因素，但也限制了当地市场可选择的范围。

**长期稳定评分：★★★★☆**

支撑因素一：政治稳定性

作为美国的首都，华盛顿在政治稳定性上可以达到世界一流的水平。尽管美国本身也会有各种影响资本市场的政治不确定性，但建国数百年之后，华盛顿的首都地位并没有被任何一个其他城市所取代。"汽车城"底特律可能会因为一个行业的撤离而使房价大跌，但华盛顿作为美国的首都，受到类似影响的几率极小。

支撑因素二：房价可持续性

相比美国其他城市，华盛顿的大部分居民都是政府公务员、相关服务人员以及与政府有密切关系的企业员工。这些人生活出现大起大落的可能性较小。华盛顿历来也相对远离房产投机行为。当地房产市场的价格水平在过去数百年都保持了相对温和的波动幅度。未来我们认为这种情况还会继续下去。

风险因素：人口老龄化

相比美国其他城市，华盛顿主要的工作机会更倾向于与政府相关的业务。不像纽约或者旧金山等发达经济区，其弊端之一是当地吸引年轻人的能力有限。华盛顿特区拥有远低于美国其他各州的年轻人比例。在20世纪80～90年代，华盛顿曾经经历过一段时间的人口大幅下滑。21世纪初到目前为止人口受到移民等支撑保持上升，但按照目前的人口结构来看，未来并不是没有再次出现人口下滑的可能性。

### 3. 旧金山：宜居评分★★★★☆

旧金山曾经是很多美国华裔移民第一次站上北美洲大陆的地方。金门大桥长期以来都被华裔移民认为是中国移民前往美国的标志性建筑物。如今旧金山当地也仍然是美国华裔人口占比最高的大都会城市，已经超过10%。当地同时也是目前全美国房价水平较高的城市之一。不管是买卖市场还是租赁市场，当地的价格标准都较美国其他地区高出许多。旧金山近年的房价涨势已经因为过热而开始收敛。房产泡沫破裂也成为当地人们最担心的问题之一。不过作为美国西部最主要的经济、文化中心，旧金山房市受到人口、经济的支撑，在历史上也曾经多次经历动荡，但从长期看，整体的走势还是保持稳定上升的。

**宜居评分：★★★★☆**

**美世生活质量调查排名：第28名**

旧金山地区西临太平洋，常年干燥、凉爽，冬季不冷，夏季不热。1月的平均气温达到10℃左右，而7月的平均气温受到海风和雾气的影响也仅为16℃左右。平均气温最高的9月也在18℃左右。年均降雨量相对稀少，大约为537毫米。

湾区常年凉爽的天气非常适合出行和户外活动，这也成为当地交通拥堵的原因之一。

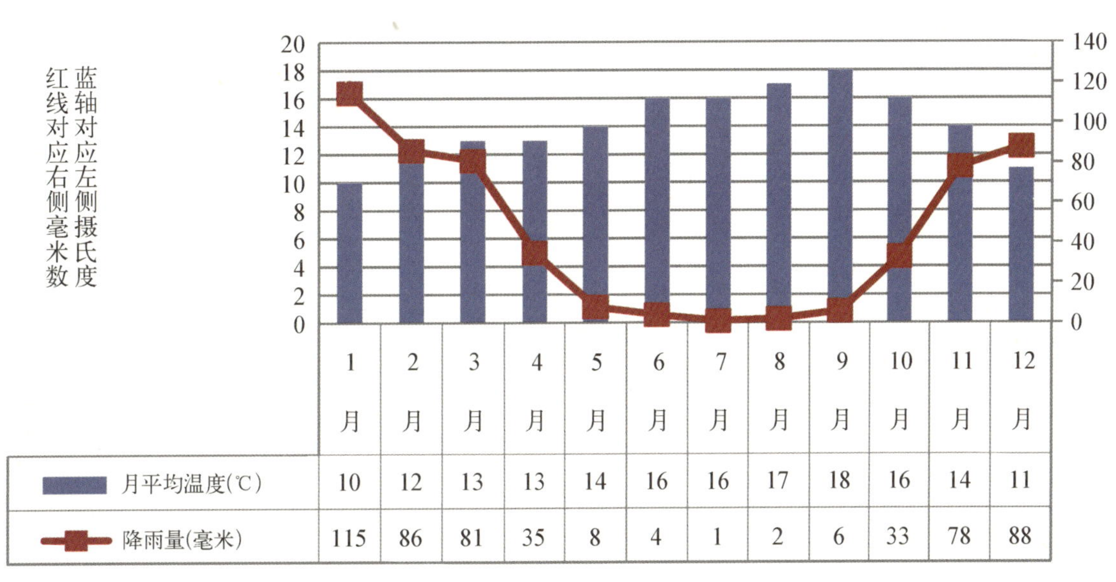


| | 1月 | 2月 | 3月 | 4月 | 5月 | 6月 | 7月 | 8月 | 9月 | 10月 | 11月 | 12月 |
|---|---|---|---|---|---|---|---|---|---|---|---|---|
| 月平均温度(℃) | 10 | 12 | 13 | 13 | 14 | 16 | 16 | 17 | 18 | 16 | 14 | 11 |
| 降雨量(毫米) | 115 | 86 | 81 | 35 | 8 | 4 | 1 | 2 | 6 | 33 | 78 | 88 |

图7 旧金山的气候概况

不过最严重的问题是,湾区由于有水道的分割,很多地区之间的交通完全依赖桥梁。而与纽约地区不一样,宽阔且水位更深的旧金山海湾比起河流更难修建桥梁。所以湾区房产的宜居程度也受到交通情况的影响。交通便利的地区与一桥之隔的较远地区,生活质量可能出现非常巨大的差别。旧金山的犯罪是当地的老问题。奥克兰长期以来都是美国黑帮聚集的战场地区。即使在较为富裕的旧金山市区,盗窃等针对财物的犯罪案件数量也居高不下,这对当地的宜居水平算是一个不小的拉分项目。

湾区的华人比例在全美排名最高。华人社区在这里非常普遍。从这一点上可以说非常适合不太熟悉北美生活的华人投资者快速融入当地环境。湾区的教育水平很高,尤其是旧金山市区的教育在加州排名前列。加州作为美国GDP最高的州府,主要的发展动力来源于旧金山和洛杉矶两大都会区。而相比更加偏向文化的洛杉矶,旧金山附近的硅谷地区高新技术产业的发展也是当地吸引高技术人才的重要原因。在这一点上,不管是手持技术的第一代移民,还是为子女着想的第二代移民,都会受益于旧金山地区良好的教育环境和就业形势。

**综合成本评分:★★☆☆☆**

旧金山市区公寓房价平均大约为每平方米8.6万元人民币。在旧金山地区持有500万元人民币,按照2016年底的美元兑人民币汇率,可以购买一栋一室一卫的公寓,面积为70平方米左右。当地房价较高,如果想要选择独立别墅,500万元人民币在旧金山太平洋岸边只能买到100平方米左右的老式独立屋。当地买房除了房款之外,交易时还需要缴纳一次性公证费1 000美元、房屋转让税0.5% ～ 0.75%(按照房价高低税率不同)、房产证保险

图8

1 500美元以及包括房屋检查费及其他杂费。按照500万元的标准，购房需要额外缴纳大约6万元人民币的各类税费。加州地税大约为1.17%。拥有该处房产之后，每年的房产税加物业费额外开销大约为15万元人民币。

旧金山目前算是美国房价较贵的地区之一。但由于地税较低，日常开销比纽约低一些。旧金山房屋的平均售租比为15.50，尽管房价和房租水平都是美国最高的，但租售仍然不成比例。租金足够应付地税和管理费开销，但并不能获得太大的回报。

**短期潜力评分：★☆☆☆☆**

旧金山的房价在2014年开始的美国房市复苏过程中，涨得有些太快、太猛。在2016年下半年就明显表现出后劲不足。当地100万美元左右的房价中位数本身就已经成为房价进一步上涨的阻力。考虑到美国的地税相对较高，100万美元左右的房价中位数已经让旧金山在全世界范围进入最昂贵房市行列。随着当地一批新的高层公寓落成，房屋库存理论上会出现一些补给。而市场在2016年末也已经开始表现出自行调节的迹象。不过当地房价想要出现下降也不容易。湾区目前是全美国经济发展最迅速的地区，当地大量的创新企业长期以来都是吸引高技术人才的热点。经济、人口等因素将继续支撑旧金山的房价，而调整更多的还是相对旧金山在之前一两年超过6%的涨幅而言的。

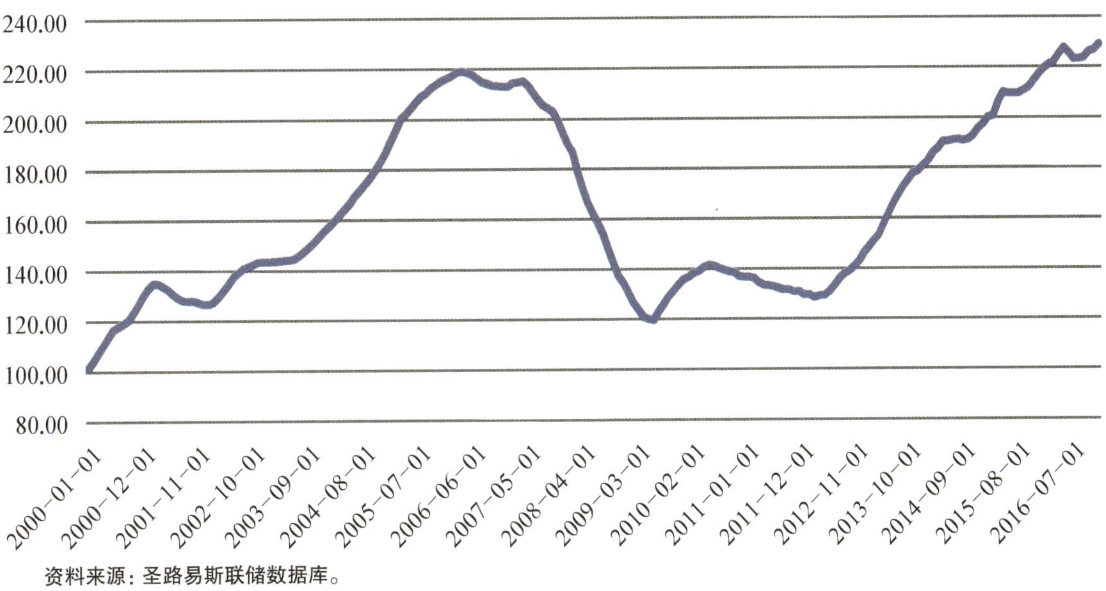


资料来源：圣路易斯联储数据库。

图9 旧金山的房价指数

2016年旧金山的房价同比涨幅在年初达到两位数，不过经过下半年的回撤，最终相比2016年初仅增长了不到2%。考虑到目前的调整状态，我们认为2017年当地房价维持现有价格的可能性较大。在极端情况或者突发事件影响下，不排除下滑2%左右的可能性。

特朗普上台对于旧金山地区的企业究竟是好是坏，在2017年将是一个情绪化的问题。

实际上，税收、外贸以及监管政策的走向，在最初的一年直接对企业产生影响的程度并不会太大。房价作为这些问题的一个反应指标，在2017年可能出现波动，但更多会是因为情绪变化，而不是实际对营业表现的影响。所以在2017年，如果特朗普继续公布一些惊世骇俗的新政策，那么旧金山的房价也可能会相应地波动。不过从特朗普当选之后的表现看，他真正成为美国总统之后与他竞选时期的特立独行、口无遮拦还是有一定出入的。所以上面的这些影响，我们认为发生的可能性较小。

**长期稳定评分：★★★★☆**

支撑因素一：硅谷

实际上，旧金山地区的经济发展并不仅仅靠硅谷，但硅谷的高科技产业应该可以说是当地经济支柱的一个标志性图腾。作为美国西部经济发展最快速的地区，整个旧金山湾区的创新氛围哪怕纽约都没法媲美，而增长迅速的高科技产业创造了大量的高薪工作。富裕的年轻人购买房产，成为旧金山当地房市最直接的支撑。考虑到旧金山地区已经成型的教育、研究、资金配置创新企业发展链条，我们认为未来旧金山地区将继续保持经济活跃水平。而对于当地房产市场来说，活跃的经济就意味着稳定的房屋需求。

支撑因素二：有限的空间

尽管湾区东部仍然有一些可供开发的土地，但旧金山整体受到附近山脉、海湾限制的土地规模保证了当地供给不可能出现大幅攀升的情况，这对房价形成长期支撑。只要旧金山中心地带没有变化，那么这个太平洋沿岸狭小的半岛就会继续保持寸土寸金的局面。

风险因素：过高的市场价格

很多分析人士在2016年旧金山房价停止上涨时就开始预言旧金山房产市场泡沫的破裂。实际上，在考虑到2006年至2007年泡沫的教训之后，旧金山房产市场已经对泡沫产生了一些抵抗力。尽管如此，当地房价的大幅攀升仍然在未来几年给房价继续上涨带来阻力。

### 4. 洛杉矶：宜居评分★★★☆☆

作为美国人口第二大的都会区，洛杉矶在美国房产市场的地位是非常微妙的，一方面，当地文化领域的吸引力让大量人口涌入，但另一方面，城市在与纽约和旧金山等地进行经济比较时，又缺少除了电影等娱乐行业之外的核心行业。当地很多购买高端房产的富豪，不是好莱坞的大腕，就是喜爱“天使之城”纸醉金迷的其他国家或地区的富翁。本地失业率相对较高，人口成分两极分化严重，这就造就了洛杉矶房产市场上高端市场和低端市场脱节不平衡的情况。当地包括比弗利山庄、马里布等豪宅区是全美国房产平均价格最高的社区。但就在十几公里外的中城区也存在大片房价不到豪宅区1/10的廉价地区。

**宜居评分：★★★☆☆**

**美世生活质量调查排名：第49名**

洛杉矶位于美国西南海岸线上，受到太平洋的海流影响，当地终年温和、干燥，降雨量

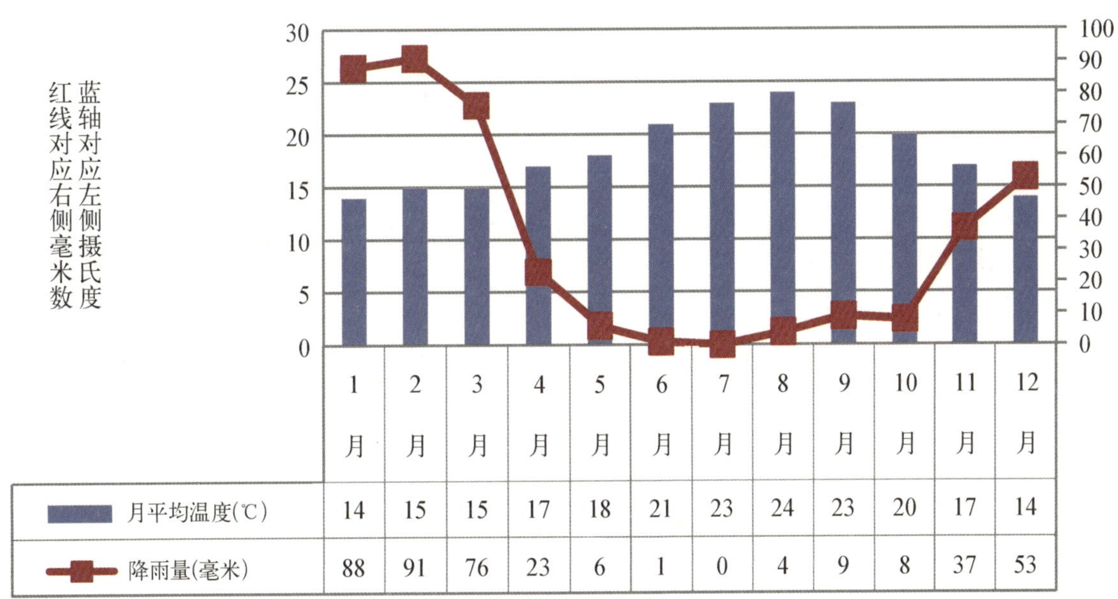


| | 1月 | 2月 | 3月 | 4月 | 5月 | 6月 | 7月 | 8月 | 9月 | 10月 | 11月 | 12月 |
|---|---|---|---|---|---|---|---|---|---|---|---|---|
| 月平均温度(℃) | 14 | 15 | 15 | 17 | 18 | 21 | 23 | 24 | 23 | 20 | 17 | 14 |
| 降雨量(毫米) | 88 | 91 | 76 | 23 | 6 | 1 | 0 | 4 | 9 | 8 | 37 | 53 |

图10　洛杉矶的气候概况

偏少，全年仅有不到396毫米的降雨。1月的平均气温为14℃，7月的平均气温为23℃。当地时常受到亚热带飓风影响，偶尔在夏秋交替时期受到暴雨和狂风的影响。但整体来说，"天使之城"全年基本保持阳光明媚的状态。

洛杉矶的交通状况在全美大城市中也属于不太理想的。人口众多又是著名的旅游城市，这些因素都让当地的交通情况成为居民怨声载道的问题之一。同时，贫富差距悬殊的市区人口成分也导致当地针对财务的犯罪率在美国各城市中排名靠前。对此，当地的富人选择安装监控系统甚至雇用保镖或保安公司来保护自己的财产和人身安全。与旧金山一样，这一点给"天使之城"的宜居水平产生了不良的影响。

洛杉矶的华人人数约为50万，亚裔比例约为3.9%。尽管人口比例中华人并不多，但当地拥有世界上除了中国之外顶尖水平的华人餐馆。华人超市等设施也非常齐全。

**综合成本评分：★★★☆☆**

洛杉矶市区公寓平均房价大约为3.7万元人民币。在洛杉矶地区持有500万元人民币，按照2016年底的美元兑人民币汇率，可以购买一栋1961年建成的一室一卫公寓，面积为100平方米左右。如果想要选择独立别墅，500万元人民币在洛杉矶东区可以买到150平方米左右的老式独立屋，不过当地治安较西区差一些。当地买房除了房款之外，交易时还需要缴纳一次性公证费1 000美元、房屋转让税0.5%～0.75%（按照房价高低税率不同）、房产证保险1 500美元以及包括房屋检查费及其他杂费。按照500万元的标准，购房需要额外缴纳大约6万元人民币的各类税费。加州的地税大约为1.17%。拥有该处房产之后，每年的房产税加物业费额外开销大约为15万元人民币。

洛杉矶房价要比北部经济更好的邻居——旧金山稍微便宜一些。当地价格水平在美

图11

国也是较高的。洛杉矶房屋的平均售租比为12.05,按照现在的市场价格,购买当地房屋纯为了出租而投资并不合适。租金足够应付地税和管理费开销,但并不能获得太大的回报。

**短期潜力评分:★★☆☆☆**

洛杉矶房价在2017年面对的情况与北面的邻居——旧金山类似,但又不尽相同。同样作为加州的大城市,对特朗普当选的普遍不满、房价高企导致当地居民难以负担等问题大致上差不多。但是相比经济较为活跃的旧金山,洛杉矶居民的收入更加依赖当地服务业市场。当地人口较多,由于好莱坞的存在,富豪圈子也更为活跃。更多的人口保证了当地房产市场的中低端需求更加稳定,而富豪圈子则保证了高端房产市场的需求稳定。所以,尽管整体趋势上,洛杉矶也会逐渐调整价格,但这种趋势的幅度、时间都要比旧金山缓和一些。

2016年洛杉矶的房价涨幅为6%左右。2017年当地房价涨幅保持在2%～4%的区间几率是比较大的。不过按照目前的价格水平,涨幅在区间底端的可能性要比在顶端的可能性大。

在2017年,影响洛杉矶房价的主要因素可能还是美国的经济走势。当地房价与工资水平的比例尽管在美国相对偏高,但比旧金山要低一些,城市房价进一步上涨需要工资水平整体增长。特朗普上台、美联储加息、国际贸易走势等这些最终都要落到一点上,那就是

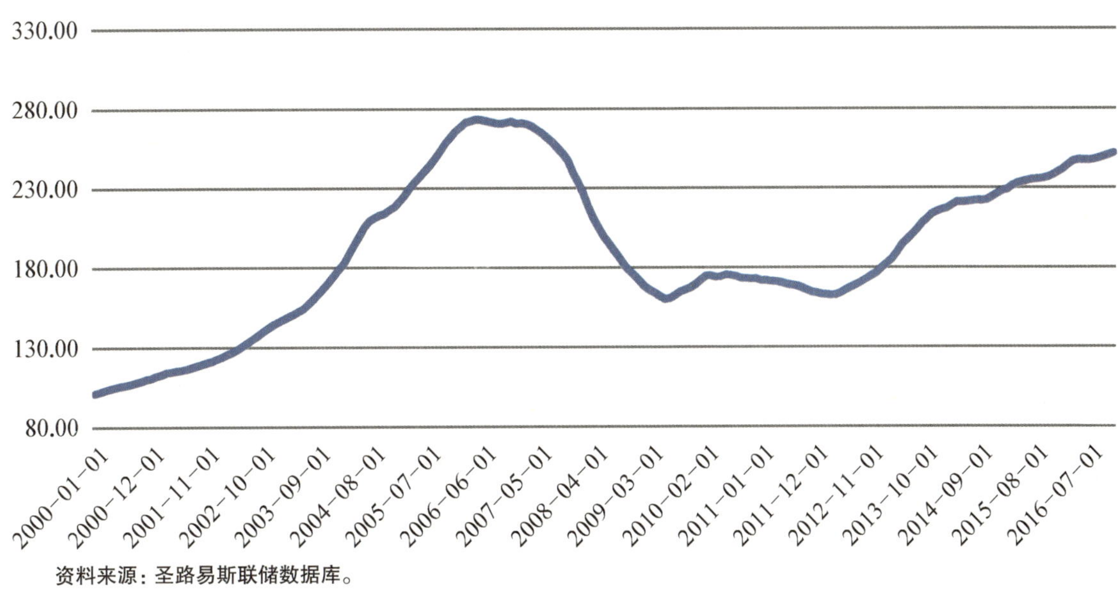


资料来源：圣路易斯联储数据库。

图12　洛杉矶的房价指数

洛杉矶地区接近1 500万人口的收入以及当地房产市场的库存。目前来看，这两点在2017年会发生剧烈变化的可能性不大，这也是我们预测当地房价会保持相对稳定的主要原因。

**长期稳定评分：★★★☆☆**

支撑因素一：好莱坞

尽管在失业率、经济活跃程度等方面落后于拥有硅谷的旧金山湾区，但洛杉矶地区仍然是美国西部最大的大都会。这可能在很大程度上要归功于好莱坞的存在和对“美国梦”的追寻。因为好莱坞的存在，“天使之城”成为美国乃至世界新闻媒体关注的焦点，当地也是能够碰到世界级电影明星机会最大的城市之一。对于大部分投资房产并不特别在乎数据绝对比较结果的投资者来说，“能够住在好莱坞所在城市”比起房屋性价比、失业率等冷冰冰的数据来得更有诱惑力。好莱坞的存在让洛杉矶本身就存在一种富豪文化，当地西北部豪宅区比弗利山庄、马利布等经常出现在财富杂志上的地名一直是世界各地名流富豪向往的投资标的。好莱坞代表洛杉矶本身的一种上流社会气质、一种数据体现不出来的吸引力，就成为洛杉矶房产市场未来很长一段时间的金字招牌。

支撑因素二：人口基数

洛杉矶被很多专家认为在20～30年内有机会赶超纽约，成为美国人口最多的城市都会区。目前洛杉矶及附近城市的人口已经接近1 500万。人口本身的日常需求成为当地经济的支柱之一。而人口本身也成为房产需求的绝对保障。

支撑因素三：洛杉矶港

洛杉矶港是目前美国最大、最繁忙的集装箱港口。港口本身对当地经济的支撑作用可能要超过世界知名的好莱坞对洛杉矶的影响。作为美国亚太地区最重要的贸易中转站，港口的存在意味着大量的企业将继续把洛杉矶作为最重要的总部或者分部所在地,因而保证了当地大量的就业机会,并间接支撑了房产市场。

风险因素:特朗普

加州是民主党最主要的票仓之一,但这并不代表洛杉矶地区不存在支持特朗普当选的人。实际上在美国大选之前,洛杉矶当地几家报纸的民意调查中,特朗普都领先。而特朗普其中一个特别吸引人的政见就是将工作机会从墨西哥和中国那里抢回到美国。作为人口众多的洛杉矶,理论上说,如果工作机会真的回到美国,那么当地将会获得不错的经济增长。但另一方面,很多分析人士也表示,如果特朗普的政策造成反效果,比如,企业最终被迫直接搬离当地,或者企业回到美国但更多使用机器人等自动化流水线,那么洛杉矶经济实际上是会受到打击的。特朗普上台本身对于美国的政治、经济地位都是一个未知元素,只是洛杉矶在这个问题上受到的影响或许要比其他城市大一些。

### 5. 西雅图:宜居评分★★★★☆

西雅图在很多世界城市居住环境的评比中,常常被近在咫尺的世界著名宜居城市温哥华的风光掩盖。但实际上,至少从地理位置、环境、气候等方面来看,西雅图几乎就是温哥华的翻版。甚至再考虑经济等方面因素的话,西雅图对于某些中产阶级来说,是比温哥华还要好的居住城市。当地包括波音、微软、星巴克、亚马逊等大企业为西雅图带来大量高质量的工作。整体来说,西雅图可以算是中产阶级购房的天堂,这里可以工作、可以生活。对于较高段位的高净值投资者来说,这里也不是没有吸引力。家财万贯的老总们只要考虑一件事,就会对西雅图趋之若鹜:企业老总们,有谁不想与世界第一首富比尔·盖茨做邻居呢?

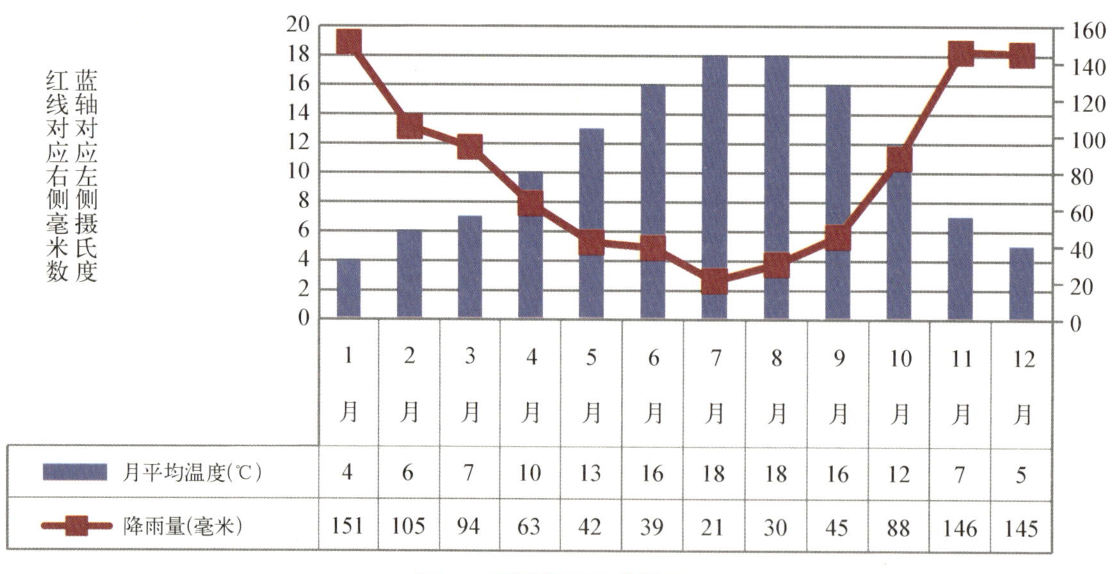


| | 1月 | 2月 | 3月 | 4月 | 5月 | 6月 | 7月 | 8月 | 9月 | 10月 | 11月 | 12月 |
|---|---|---|---|---|---|---|---|---|---|---|---|---|
| 月平均温度(℃) | 4 | 6 | 7 | 10 | 13 | 16 | 18 | 18 | 16 | 12 | 7 | 5 |
| 降雨量(毫米) | 151 | 105 | 94 | 63 | 42 | 39 | 21 | 30 | 45 | 88 | 146 | 145 |

图13　西雅图的气候概况

**宜居评分：★★★★☆**

**美世生活质量调查排名：第46名**

不考虑阿拉斯加的话，西雅图位于美国西海岸的最北端。当地常年温和、湿润，降雨量年均达969毫米。1月的平均气温为4℃，7月的平均气温为18℃。

由于当地属于北美洲西海岸著名的温带雨林气候，附近山脉基本是绿树成荫，植被繁茂。同时整个美国西北部地区人烟相对稀少，工业活动不多，这些因素都使西雅图的空气质量达到全美国最好的水平。当地基本上没有空气污染的问题，是自然界天然形成的健康氧吧。

当地的交通有着所有海边多河流湖泊城市的通病：遇桥则堵。尤其是西雅图居民多为朝九晚五的上班族，在上下班高峰期，当地的交通情况会比平时差很多。不过当地治安绝对是全美国大城市中数一数二的。唯一可能有些影响的是当地流浪汉不少，不过基本上也聚集在城区偏远一隅，与大部分市民和游客相安无事。

西雅图整体人口不多，市区人口60多万，其中不到3万是华裔。当地主要的居民种族是白人，但有5%左右的居民声称自己是多种族混血。整体来说，当地华裔移民能够很好地融入城市中去。

**综合成本评分：★★★☆☆**

西雅图市中心公寓平均价格大约为3.93万元人民币。在西雅图地区持有500万元人民币，按照2016年底的美元兑人民币汇率，可供选择的房源还是不少的。500万元人民币

图14

可以购买一栋2015年建成的、二室二卫、现代化、紧凑型联排别墅,面积为150平方米左右。500万元人民币在西雅图市区也可以买到270平方米左右的、1918年建的老式独立屋。

当地买房除房款之外,交易时还需要缴纳一次性过户费1 500美元、房屋转让税1.78%左右(按照房价高低税率不同)、房产证保险1 000美元、房屋检查费700美元及其他杂费。按照上面500万元的标准,购房需要额外缴纳大约10万元人民币的各类税费。华盛顿州的地税大约为1.01%。拥有该处房产之后,每年的房产税加物业费额外开销大约为7万元人民币。

西雅图除了比尔·盖茨居住的贝尔维尤西部豪宅地区之外,大部分地区房价并不高,当地与北部的加拿大邻居温哥华相比平均房价更低,但是地税更贵。西雅图房屋的平均售租比为14.43。与美国大部分地区一样,按照现在的市场价格,购买当地房屋纯为了出租而投资并不合适。租金足够应付地税和管理费开销,但并不能获得太大的回报。

**短期潜力评分:★★★★☆**

西雅图房价在2017年的上半年可能会继续保持大幅上涨,这几乎是大部分房产分析机构达成的共识。至少从价格走势来看,西雅图房价在连续保持大幅增长的过程中暂时还没有表现出价格调整的任何迹象。按照市场规律,西雅图房产市场最终仍然会触及顶部并开始调整。但我们预计,这种情况至少在2017年上半年出现的可能性较小。目前来看,当地相对美国其他主要城市更低的房价水平、冬暖夏凉的气候仍然会继续吸引更多厌倦了大城市的美国人移居此地。受到海岸地理环境的限制,西雅图可开发的土地有限。而受来自北面的邻居温哥华限制海外资金投资房市的连带影响,西雅图也将会在新的一年中开始逐渐发酵。尽管移民美国并不像移民加拿大那么容易,但西雅图与温哥华之间非常接近的距

资料来源:圣路易斯联储数据库。

图15 西雅图的房价指数

离、非常类似的气候，仍然会让一些放弃温哥华的投资者转向定居国境线南面的西雅图。

西雅图在2016年房价累计涨幅超过10%。2017年上半年保持类似年率涨幅的可能性很大，但到了下半年，根据当地的市场规模，可能也会有一些调整，所以我们认为全年的涨幅可能会在8%到12%之间。最终表现如何，需要看下半年价格调整发生的时间和力度。

西雅图在2017年将会受到来自海外资产、美国国内人口流动以及特朗普上台政策走势的影响。温哥华对房产市场的管控将继续在年初为西雅图带来一些影响。而特朗普在贸易上的保护政策实际上对于西北地区的林业等行业是有提振作用的。上述几个因素将决定西雅图房价涨势究竟会持续多久。目前还没有看到太多不利于当地房价上涨的因素存在。

**长期稳定评分：★★★☆☆**

支撑因素一：自然环境

西雅图位于温带雨林的湿润、温和气候可能并不适合所有人，但当地群山环绕、空气清新，的确非常适宜人类居住。不管世界经济怎样发展，自然环境相对较好的城市总是会继续受到人们的欢迎的。这从长期保证了西雅图房产市场的吸引力。同时，居住在这种氧吧级别的城市中本身就是一个长期、持续、用金钱不能衡量的回报。

支撑因素二：微软、波音、星巴克、亚马逊

西雅图并不是一个单单靠环境吸引居民的城市。当地数家大型企业创造了大量的高级职位，给西雅图当地的房产注入强有力的需求侧资金。尽管总的规模可能比旧金山地区的硅谷和纽约地区的各大银行小一些，但西雅图的几家公司都是各自行业的佼佼者，而且近些年一直没有满足现状，仍然保持着快速的增长和发展。在未来至少可见的10年之内，这些企业的存在仍然将给城市房产带来支撑。

支撑因素三：土地有限

西雅图市区建在落基山脉与太平洋之间狭窄的海湾之间。城市附近并没有太多可供开发的土地。尽管当地市政府近期尝试提高西雅图某些地区的建筑最高要求以增加房屋库存，但当地可供修建房屋的土地稀少，仍然会在未来限制房产供给。

风险因素：国际房产市场趋势，外资流入

实际上，这项因素在中短期将刺激西雅图房价继续攀升。随着全球包括旧金山、纽约、加拿大温哥华以及澳洲悉尼和墨尔本房价过高，西雅图逐渐成为国际买家的关注焦点。但考虑到房产市场的长期走势，暴涨之后就可能有泡沫和暴跌。未来10年内，西雅图可能就会经历类似的房价大幅波动。如果顺势而为，当地房产可能是创造大量回报的生财工具；万一对形势估计错误，则也有可能造成损失。

### 6. 休斯敦：宜居评分★★☆☆☆

很多中国投资者第一次听说休斯敦这座城市，可能还是因为2002年姚明被休斯敦火箭队选为NBA状元。但实际上,按人口算,作为美国的第四大城市,休斯敦在全美国的经济地位非常重要。作为原油大州德克萨斯的第一大城市,同时也是美国著名的“航天城”,休斯敦是美国南部墨西哥湾地区最吸引技术人才的地区。当地的房产走势在近些年因原油价格低迷影响逐渐冷却,但价格仍然受到由人口带来的需求支撑。相比其他几个价格居高不下的热门城市来说,在休斯敦购置房产,目前可以讨价还价的回旋余地更大一些。

**宜居评分:★★☆☆☆**

**美世生活质量调查排名:第65名**

临近墨西哥湾的休斯敦是美国纬度最低的大城市之一。当地冬季温和,夏季炎热,1月的平均气温为11℃,7月的平均气温为29℃。由于墨西哥湾亚热带气候的影响,休斯敦在一年四季中均有某些天会出现暴雨。当地的年降雨量达到1 145毫米左右,且时不时会受到亚热带飓风的袭击。当地的空气质量在美国地区来说也不能算特别好。休斯敦附近包括达拉斯、奥斯汀等城市,整体人口众多。相对荒芜的德州大平原没有太多的植被,且当地是美国最主要的原油加工、化工产业中心。这些因素导致休斯敦在空气质量表现上与美国其他大城市拉开距离。

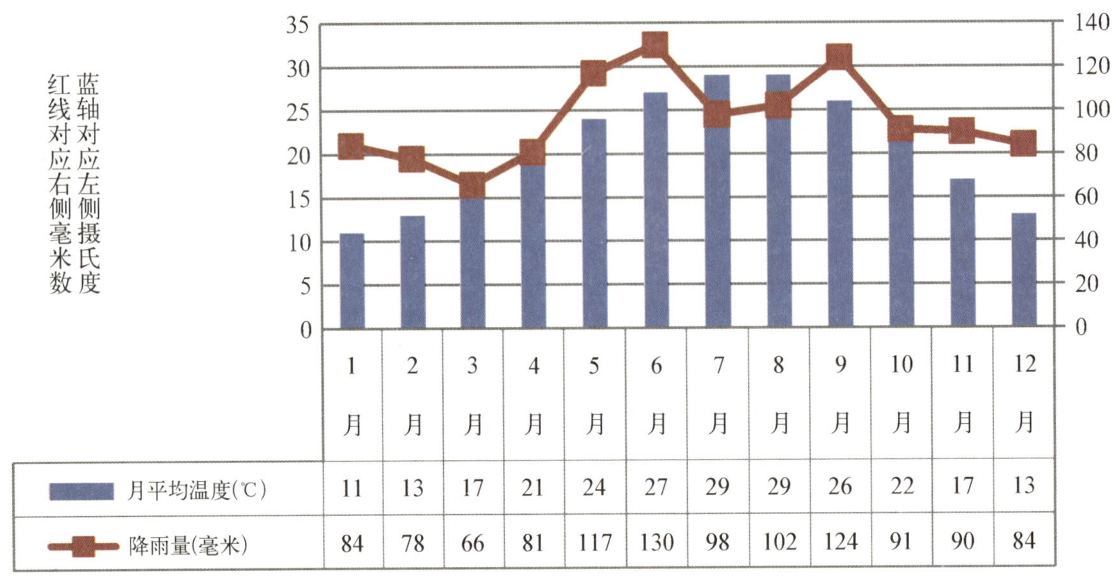


| | 1月 | 2月 | 3月 | 4月 | 5月 | 6月 | 7月 | 8月 | 9月 | 10月 | 11月 | 12月 |
|---|---|---|---|---|---|---|---|---|---|---|---|---|
| 月平均温度(℃) | 11 | 13 | 17 | 21 | 24 | 27 | 29 | 29 | 26 | 22 | 17 | 13 |
| 降雨量(毫米) | 84 | 78 | 66 | 81 | 117 | 130 | 98 | 102 | 124 | 91 | 90 | 84 |

图16 休斯敦的气候概况

治安表现不佳算是休斯敦另一项影响宜居程度评比的劣势。在全美大城市中,休斯敦的犯罪率相对偏高,甚至在与同样受到德州牛仔彪悍民风影响的达拉斯和奥斯汀比较时,休斯敦当地的犯罪率也是相对较高的。当地政府和警方近年来已经尝试整治治安问题,但目前为止,收效并不明显。

根据美国2010年的人口普查数据,休斯顿的华人人口大约为15万人,是继印度人、越南人之后的当地第三大亚裔种族。整体来说,当地人对于华裔移民还是比较友好的。但

鉴于德州历史上存在比较严重的种族歧视，尽管目前情况好转，但当地也不能算是美国最“欢迎华人”的地区。

**综合成本评分：★★★★☆**

休斯敦市区公寓平均房价大约为每平方米1.28万元人民币。休斯敦地区持有500万元人民币，按照2016年底的美元兑人民币汇率，可以购买一栋2016年新建成的两室两卫公寓，面积为80平方米左右。如果想要选择独立别墅，500万元人民币在休斯敦可以买到300平方米左右的中古独立屋。

图17

当地买房除了房款之外，交易时还需要缴纳一次性差产权和物业转让费500美元。德州没有房产转让税，但作为美国各州中税务最为繁重的州，德州的地税和其他税费非常高。按照上面500万元的标准，购房需要额外缴纳不到1万元人民币的各类税费。但加州的地税大约为2%，另外，当地处于台风影响的地区，每年的房屋保险还需要大概1 000美元。拥有该处房产之后，每年的房产税、物业费或者维护额外开销为25万～30万元人民币。

休斯敦整体房价与美国其他一线城市相比还是比较便宜的。不过，较高的日常税务让在当地养一栋房子比较昂贵。休斯敦房屋的平均售租比为6.19，不过由于地税偏高，实际租金与房屋开销相比并没有太多的盈余。租金足够应付地税和管理费开销，但并不能获得太大的回报。

**短期潜力评分：★★★☆☆**

休斯敦的房价可以说与国际油价之间的关系比其他因素更加重要。从价格走势上可以看出，甚至在2008年次贷危机前发生的美国全国范围内房市大崩盘都没有在很大程度上影响到休斯敦的房价。德州平原土地基本不是房产发展的问题，大片可供开发的土地为休斯敦提供了大量的房源。而美国第四多的人口为当地房产市场提供了稳定的需求。房价和房产市场的火热程度完全取决于当地最主要的石油和化工企业的经营状况。如果2017年国际油价能够回暖，那么休斯敦的房价也会随之走高；如果油价继续保持低迷状态，按照现在的走势，休斯敦随着当地人口的增长继续保持中幅房价涨势也不成问题。

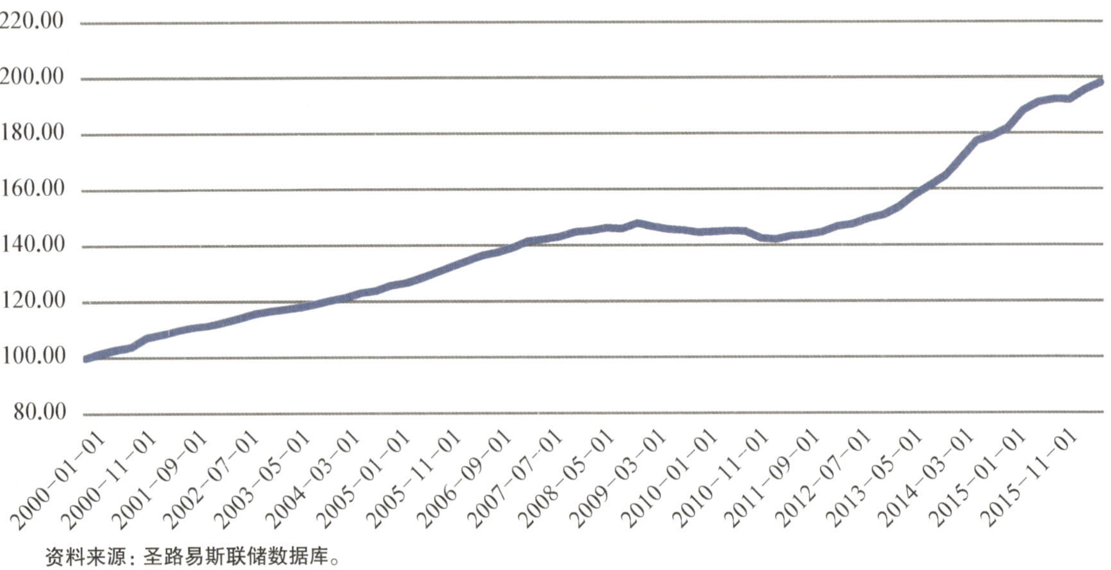


资料来源：圣路易斯联储数据库。

图18　休斯敦的房价指数

休斯敦地区2016年房价涨幅基本上为4%左右。2017年如果油价能够回到75美元/桶左右，当地房价涨幅可能会高于5%的水平。该地区在2014年之前原油表现强劲的时候，曾经一度有年率为10%左右的房价涨幅。但如果油价继续低迷，保持3%～5%的稳定涨势也不成问题。

我们认为2017年休斯敦地区房价最大的影响因素就是油价，所以油价在2017年可能将对休斯顿的房价产生影响。特朗普上台对伊朗态度的转变、OPEC与俄罗斯之间减产协议能够达成、美国原油行业内部发展等问题对于休斯敦的房价影响巨大。在这个德州城市，油价和房价是基本上绑在一起的。

**长期稳定评分：★★★☆☆**

支撑因素一：人口

休斯敦是美国第四大城市，人口本身带来的房产需求是相对稳定的。当地是美国中西部企业总部聚集地，人口、工作等因素将在未来很长一段时间里继续支撑房产市场的需求。当地作为美国航天局的所在地，也是美国最重要的信息科技中心之一。同时生物、医药、科学在休斯敦也已经形成规模。整体来说，尽管因为坐落在西南一隅，相比纽约、洛杉矶来说比较受冷落，但休斯敦本身的大都会氛围和城市规模足以支撑一个长期、稳定的房产市场。

支撑因素二＆风险因素：原油化工业

休斯敦或者说整个德州是美国石油化工以及相关重工业的基地。当地在这方面的投入很大。很多经济来源和就业岗位与原油密切相关。但当地重点开发的原油企业实际上存在两面性。原油价格可高可低，油企和相关行业也可好可坏。这无形中为休斯敦房产市场带来其他城市没有的变数。同时原油行业也带来一定程度的污染。这从长期来讲对于休斯敦当地的房产市场的吸引力具有负面影响。而且最关键的问题是，随着人类科技的发展，最终人们可能还是会放弃化石燃料，虽然我们不确定这种情况会在什么时候出现，但如果把休斯敦以及德州与100年前那些欧洲因煤炭兴起的大城市做比较的话，就能看到，当地至少来自原油这一块的经济增长可能最终还是会消失。对于休斯敦当地居民来说，这个问题可能还很遥远。不过如果房产投资者的眼光足够长远，那么这的确是一个需要琢磨的因素。

### 7. 夏威夷：宜居评分★★★★☆

夏威夷作为美国第五十大州，当地有自己的语言、自己独特的民俗和自己独一无二的太平洋中心岛国地理环境。作为全世界著名的旅游胜地，夏威夷的房产在过去几十年中一直保持非常稳定的发展。即使在金融危机时期，全美国房产市场最为低迷的2008年，夏威夷房产也表现出了强大的韧性。当地基本上没有太多的工业，旅游业是其最大的经济支柱。所以投资夏威夷房产，如果没有海外经济支柱的话，除非经营旅游业，剩下的当地经济来源选择的可能不多。当然，当地的房产还是非常适合高端高净值人士投资作为度假屋的。

**宜居评分：★★★★☆**

**美世生活质量调查排名：第35名**

夏威夷州首府檀香山（或称火奴鲁鲁）常年温暖、干爽，受到加利福尼亚洋流的影响，当地尽管地处热带，但温度不会太高，1月的平均气温为22℃，气温最高的8月平均气温为26℃。年降雨量尽管只有770毫米左右，但是常年受海风影响带来的潮湿空气让夏威夷地区并不干燥。对于喜爱海边活动的人来说，夏威夷的确就是名副其实的人间天堂。

作为世界最热门的旅游目的地之一，夏威夷常年被成千上万的游客占据。作为海岛城市，檀香山的交通状况并不算很好。但檀香山本来面积就不算太大，所以实际上这并不影响在夏威夷生活的居民。当地治安整体来说要比美国本土好得多，但大量的游客也吸引了很多针对财产的盗窃行为。这一点与世界其他主要旅游景点基本没什么差别。

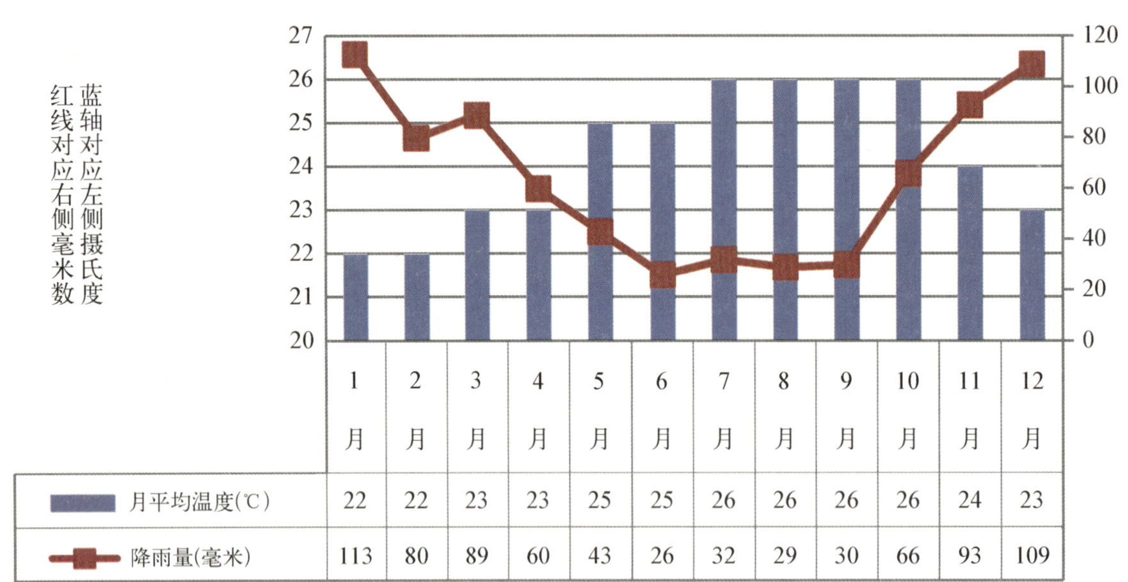


| | 1月 | 2月 | 3月 | 4月 | 5月 | 6月 | 7月 | 8月 | 9月 | 10月 | 11月 | 12月 |
|---|---|---|---|---|---|---|---|---|---|---|---|---|
| 月平均温度(℃) | 22 | 22 | 23 | 23 | 25 | 25 | 26 | 26 | 26 | 26 | 24 | 23 |
| 降雨量(毫米) | 113 | 80 | 89 | 60 | 43 | 26 | 32 | 29 | 30 | 66 | 93 | 109 |

图19　夏威夷的气候概况

华裔在夏威夷定居已经有100多年的历史。当地由于岛屿环境,距离美国本土或者中国大陆都需要乘坐长途飞机。地理位置上还是相对偏远一些。

**综合成本评分:**★★★☆☆

夏威夷市中心公寓房价大约为每平方米4.73万元人民币。夏威夷是美国各州平均房价最高的州府。但这主要是因为当地极少有“便宜”的房子,而且豪宅众多。实际上夏威夷市区的大部分房屋价格基本与纽约、旧金山地区类似。在夏威夷持有500万元人民币,按照2016年底的美元兑人民币汇率,可以购买一栋位于檀香山市中心1990年建成的三室三卫公寓,面积为200平方米左右。

如果想要选择独立别墅,500万元人民币在靠近珍珠港的地区可以买到240平方米左右的、1950年建的独立屋,地理位置优越,可以眺望珍珠港和太平洋。

当地买房除房款之外,房屋转让税为0.1%～0.35%(按照房价高低税率不同)。不过当地对于房屋出租有严格的要求。180天租约以下的短租要向政府缴纳租金收入的9.25%作为“酒店税”。且非夏威夷岛民出售房产时,也会有大约5%的惩罚性扣缴税。按照500万元的标准,购房额外只需缴纳不到1万元人民币的各类税费。夏威夷地税按照岛屿不同,在0.35%～0.91%不等。而且非夏威夷岛民即使在交地税方面,也按照身份不同拥有不同的税率。拥有该处房产之后,每年的房产税加物业费额外开销为10万～15万元人民币。如果短期出租,还需要缴纳额外的税收。但夏威夷当地是世界著名的旅游胜地,如果运营得当,租金收入本身也是不菲的。

夏威夷的房价平均水平较高,但是也并不乏相对便宜的平价房源。夏威夷房屋的平均售租比高达17.68,不过这主要与当地豪宅市场过于火爆、房屋平均价格较高有关。实际

图20

上，按照现在的市场价格，购买当地度假屋出租还是有利可图的。不过从上面繁多的出租税务也可以看出，当地管理出租的人力成本比较大，如果有空闲运营，收入可能会很稳定，租金足够应付地税和管理费开销。但购买夏威夷度假屋并不适合不能长时间待在夏威夷的投资者。

短期潜力评分：★★★☆☆

从价格走势看，夏威夷的房价目前继续上涨的动能还很明显。但随着价格涨幅逐渐超过工资和通货膨胀的整体水平，涨势将会逐渐呈现趋缓的走向。与美国本土不同，夏威夷

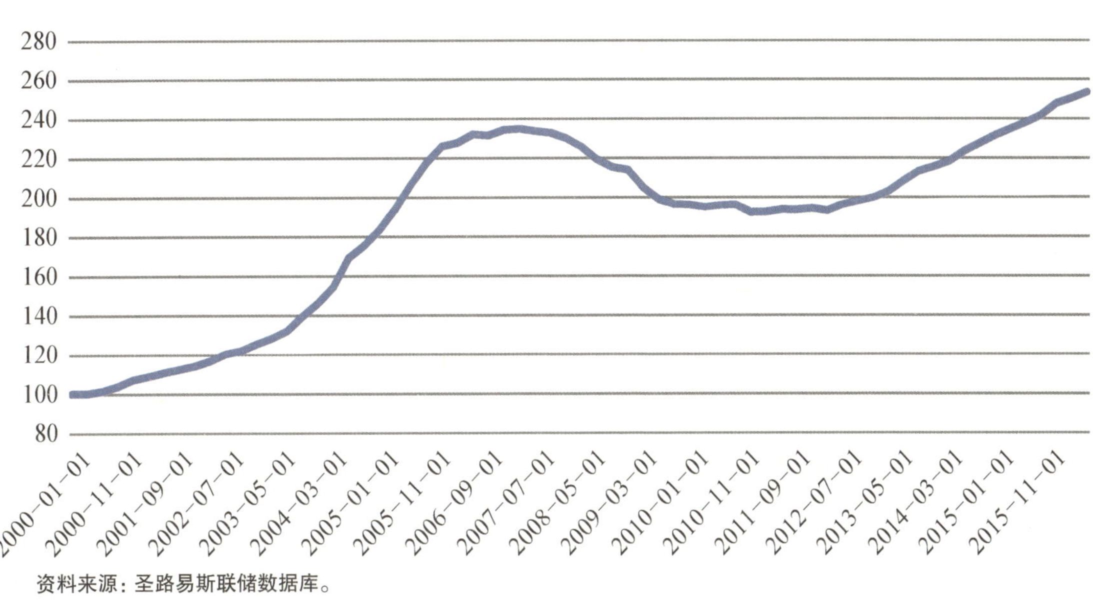


资料来源：圣路易斯联储数据库。

图21　夏威夷的房价指数

作为世界著名的旅游度假胜地,经济主要依靠当地的旅游酒店业支撑。不管2017年美国本土由于政治或经济原因如何动荡,夏威夷的房产仍然会按照自己的供需结构进行发展。实际上,像夏威夷这种全世界知名的度假岛屿,房产对全世界经济走势的反应可能会更直观、更明显。如果世界经济在2017年稳定回暖,那么全球高净值的投资者在度假屋的投资上理论上会少一些。事实上,欧洲、日本仍然处在大规模的经济刺激政策之中,而美国经济也处在复苏阶段,这都表明投资者对于房产的关注度不会太高,加上夏威夷近期房价本身涨幅已经不小,未来上行趋势减缓的可能性较大。

夏威夷2016年的房价涨幅大约为5.3%。我们认为房价在2017年保持3%～5%涨势的可能性较大。作为世界级度假胜地,房价出现剧烈波动的几率较小。所以就算考虑到特朗普上台或是其他可能发生的世界级别冲击,对夏威夷房产市场的影响也会相比对其他城市的影响小得多。

2017年当地需要关注的影响因素是其他市场,而不是夏威夷本身。实际上,太平洋东西两岸的几个大城市房价将成为夏威夷未来房价走势的预演。在夏威夷东面,加州的房价将被很多人拿来与夏威夷作比较,当旧金山的房价高于夏威夷的时候,美国很多经济发达州府的高净值投资者就会更愿意考虑在夏威夷购置度假屋。同样,在夏威夷西面的日本房价相对涨幅高过夏威夷本身的时候,更多日本人就会愿意前往夏威夷购房。而实际上,2017年加州的房价有可能是呈回调的状态。所以夏威夷想从美国本土获得更多动能的可能性较小。日本方面的情况要更复杂一些,目前日元走势受到很多因素的影响不断走高,这会刺激日本人前往夏威夷休假消费。但这种情况能够在2017年延续需要时间考验。所以整体来说,我们仍然认为夏威夷房价在2017年能够继续保持涨势,但涨幅将趋于平稳。

**长期稳定评分:★★★★☆**

支撑因素一:海岛天堂,度假胜地

类似夏威夷这种岛屿度假胜地,实际上房产的本质可能就与美国本土或者世界其他大城市不太一样。当地得天独厚的地理环境让夏威夷成为全世界旅游者经常光顾的度假目的地。同时,当地也是大量高净值投资者颐养天年的胜地。美国、日本、中国的很多富商在告老还乡或者退居幕后的时候都喜欢选择夏威夷作为居住地。当地房产受到政治、经济等不时波动的国际因素影响最小,同时在当地居住本身就是一种享受。从这个角度考虑,夏威夷地理环境的得天独厚保证当地的房产相比其他城市更加稳定。

支撑因素二:岛屿地形,房屋数量有限

夏威夷群岛的地形本身就限制了土地的面积。而当地火山群岛的地理状态更是让很多山脉、悬崖和峡谷成为难以建筑房屋的地区。目前仅有的土地数量有限。即使当地房产再热门,能够获得一栋夏威夷房产也并不是随随便便就能实现的目标。这让夏威夷房产从物以稀为贵的角度更进一步提高了保值能力。

支撑因素三：价格稳定，可负担水平高

夏威夷房产由于有限的空间以及基本以旅游业为基础的经济模式，收入和房价比例要比美国其他大城市低得多。当地尽管是美国房价平均水平最高的州，但工资水平与房价并不脱节。投资者和旅游者更多，当地收入也会增长。这保证夏威夷更不容易出现类似目前澳洲悉尼、墨尔本和温哥华这种海外资金大量流入导致当地居民买不起房的局面。从这个角度讲，夏威夷当地出现房价大幅波动的可能性更小，这为长期的稳定加分不少。

## （二）加拿大

### 1. 多伦多：宜居评分★★★★☆

多伦多是加拿大人口最多、经济最发达的地区。当地是加拿大经济、金融、文化等领域的核心地带。当地的房产市场规模自然也是加拿大首屈一指的。多伦多市区拥有大约200万人口，整个包括附近卫星城的大多伦多都会区有600万人口。整个加拿大20%的GDP来自这个地区。高度集中的经济活动让多伦多地区拥有加拿大最密集的工作机会，而当地为数众多的中产阶级也支撑了房产市场的稳定需求。近两三年，多伦多的房产市场光芒被涨幅惊人的加拿大西部城市——温哥华所掩盖。实际上，尽管涨幅并没有温哥华那么夸张，但多伦多接近20%的涨幅在整个欧美地区也非常惊人。而不同于土地稀少、人口和工作机会不成正比的温哥华，多伦多整体稳定的经济和雄厚的人口基础在2016年仍然继续支持房价不断地走高。这些都使多伦多逐渐开始取代温哥华，重新成为加拿大房产市场最受关注的一个地区。

**宜居评分：★★★★☆**

**经济学人宜居性调查排名：第4名**

**美世生活质量调查排名：第15名**

多伦多位于北美东部大平原地区。尽管纬度并不算太高，但往北一马平川的大平原没有任何足以抵挡来自北极寒流的崇山峻岭。这让当地的气候略偏寒冷，冬夏温差较大。1月的平均气温为−5℃，7月的平均气温为22℃。冬季北部寒流侵袭

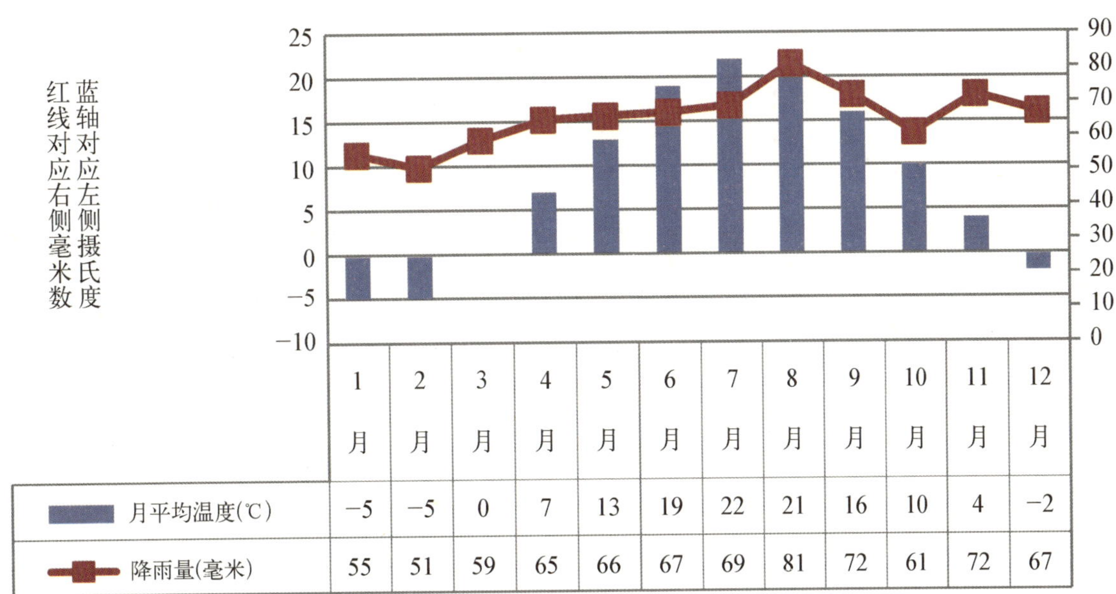


| | 1月 | 2月 | 3月 | 4月 | 5月 | 6月 | 7月 | 8月 | 9月 | 10月 | 11月 | 12月 |
|---|---|---|---|---|---|---|---|---|---|---|---|---|
| 月平均温度(℃) | −5 | −5 | 0 | 7 | 13 | 19 | 22 | 21 | 16 | 10 | 4 | −2 |
| 降雨量(毫米) | 55 | 51 | 59 | 65 | 66 | 67 | 69 | 81 | 72 | 61 | 72 | 67 |

图22　多伦多气候概况

的时候，气温经常会降至−10℃以下，偶尔会出现暴风雪天气。当地的年平均降雨量约为785毫米。整体来说，多伦多的气候与中国东北地区较为相似。

多伦多的城市交通在整个北美大城市里算是及格的水平。尽管上下班期间仍然会出现拥堵现象，但整体来说，纵横南北东西的数条高速公路和城市公共交通还算可以负担上百万人的上下班通勤。当地治安在加拿大各大城市中处于中上游水平。尽管作为大城市终归会有不少犯罪案件，但相对人口来说，犯罪率排名算是加拿大较低的。

多伦多地区的教育水平很高，安大略省作为加拿大经济的支柱省份，对于下一代一直很舍得花钱。当地华人人口大约为55万。北部城区拥有发展完善的华人社区。实际上，作为加拿大最吸引海外技术人才的城市，多伦多本身的文化就偏向多元化，对于移民的态度也非常友好。

**综合成本评分：★★★☆☆**

多伦多与大部分北美城市一样，市区房产多为公寓，郊区则以联排别墅和独立别墅为主。多伦多市区公寓平均价格大约为每平方米3.45万元人民币。持有500万元人民币，按照2016年底的加元兑人民币汇率，在多伦多可以购买一栋2013年新建成、靠近CN电视塔的两室两卫豪华公寓，面积为120平方米左右。另外，如果你想要到郊区选择大一点的独立别墅，500万元人民币在多伦多北部华人聚居区可以买到350平方米左右的三室四卫的独立屋。当地买房除了房款之外，交易时一次性缴纳验屋费500加元、房屋转让税按照房价不同在0.5%～2.5%之间（按照房价高低税率不同）、500万元人民币的房产需要缴纳的转让税约为4万元人民币。新房买家需要缴纳13%的消费税，而二手房买家则不用负担这部分开支。按照上面500万元的标准，购房需要额外缴纳5万元到60万元人民币不等的各

图23

类税费(视新房和二手房不同,差距较大)。多伦多的地税大约为0.5%。拥有该处房产之后,每年的房产税加物业费额外开销大约为5万元人民币。

多伦多房价相比美国大城市要便宜许多,考虑到加币汇率以及当地低廉的地税,在多伦多以房养贷、以房养房的方式完全有可能实现。多伦多的平均售租比为19.69,由于地税相对较少,租金应付地税和管理费的开销绰绰有余。如果贷款购买一处房产,按照上面的例子,每年的租金收入可以达到15万元人民币左右,不但可以负担地税和管理费开支,连水、电、煤气和部分贷款都可以覆盖。

**短期潜力评分:★★★★★**

多伦多的房产市场价格指数在2016年上半年保持15%以上的年率涨幅,这在欧美大城市中已经算是非常惊人的,在2016年下半年,这种涨幅正呈现进一步提高的趋势。可以说,多伦多房价涨幅上升应该归功于(或是归咎于)BC省政府对温哥华地区房价的打压政策。也可以说,随着时间的推移,人口更多、经济更发达、土地面积更大的多伦多重新占据了加拿大房产市场最显眼的位置。不管怎么看走势的起因,多伦多房产市场仍然在继续升温的情况是证据确凿的事实。不过这些迹象恰恰表明,多伦多在2017年的房价走势有可能像温哥华一样出现反转。加拿大整体经济并不算特别景气,实际上多伦多的每平方英尺房价与每月平均收入比例达到8.63,是北美大城市中第五高。而安大略省政府在2016年末已经开始出台限制当地高端房产市场的政策。这些都表明,多伦多房价在2017年进入调整的几率较大。

多伦多房价在2016年累计涨幅大约为20%。按照加元本币计算,我们认为当地房价

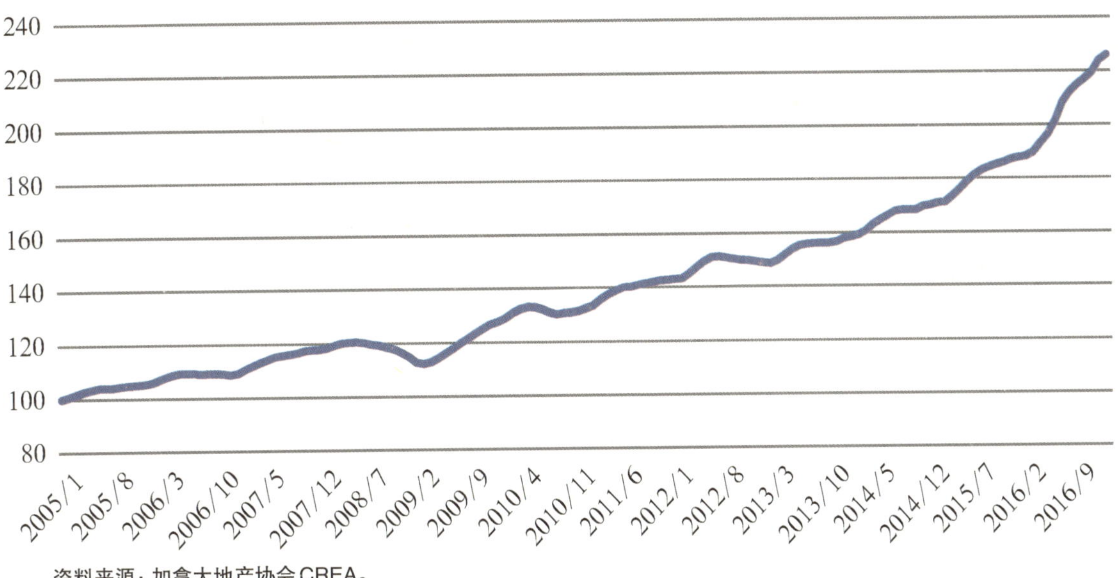


资料来源：加拿大地产协会CREA。

图24　多伦多的房价指数

在2017年上半年保持15%以上的涨幅是比较正常的。在2017年下半年的走势则需要看加币的发展以及多伦多当地政府对房市管控的力度。我们认为，多伦多2017年全年房价涨幅可能在12%～17%之间。

2017年多伦多房产市场主要的影响因素是加元走势和当地政府的新政策。被外汇交易商成为“油元”的加元，其未来走势与原油价格息息相关，而2017年对于原油来说也是极其关键的一年。另一方面，加拿大联邦、省、市三级政府都不会对多伦多房价上涨坐视不理，对于房屋买卖、贷款要求等方面的管控会更加严格。而且2018年安大略省将进行省选，这就要求现任省政府必须慎重处理房价问题。预计未来房价会在政府管控以及自身高价格等阻力影响下实现调整。但鉴于温哥华的前车之鉴，我们认为多伦多的调整过程将会比较缓和，价格涨幅仍然会有很大几率保持在两位数之内。

**长期稳定评分：★★★★☆**

支撑因素一：加拿大最大都会区中心

尽管加拿大拥有近1 000万平方公里的土地，是世界国土面积第二大的国家，但加拿大的主要人口和经济基本都聚集在安大略省东南部相对狭小的五大湖地区。而多伦多正是这个地区的核心城市。作为加拿大最大的都会区，大多伦多地区的GDP占全加拿大的20%，比加拿大魁北克省、阿尔伯塔省和BC省等省份占的比重都要大。当地以外贸、物流、银行业为主体，配合制造业和服务业的综合型经济模式创造了大量的就业机会。过去近百年中，不管国际形势如何改变，多伦多经济都保持了相当的稳定性。这对于当地房产起到很大的支撑作用。

支撑因素二：人口基数

多伦多是加拿大人口最多的都会区。当地经济和工作机会吸引大量的加拿大年轻人前往定居。加拿大是一个移民国家,大量海外移民也愿意将多伦多作为他们登陆加拿大的第一站。因为在这里,他们找到工作并开始适应加拿大生活的成功率更高。多伦多本身也是一个多元文化的大熔炉。当地加拿大人、亚洲人、欧洲人、拉丁美洲人和非洲人能够比较融洽地生活在一片土地上,这也提高了多伦多成为移民首选的概率。未来数十年内,我们认为人口本身的自然增长以及多伦多吸引移民的能力将继续保证当地房产市场不缺需求来源。

支撑因素三:生活环境

多伦多因为拥有一些工业和制造业,所以实际上气候环境并不能算是特别优越。当地相对寒冷的气候对于一些来自温暖地区的移民来说也比较难接受。但整体来说,多伦多的气候环境还算是世界发达国家中比较靠前的。加拿大北部大片森林有助于当地空气质量的提高。而加拿大本身的移民政策,则使多伦多成为相对美国东北部大城市更加适合移民的目的地。这些因素能够帮助多伦多在吸引海外资产上更具有竞争力。

### 2. 温哥华:宜居评分★★★★★

温哥华房价在过去两年中因为种种原因出现了震惊世界房产市场的涨幅。2015年当地房价涨幅达到25%左右,到2016年这个趋势更是扩大到30%。惊人的房价上涨幅度甚至让当地政府都感到担忧,不得不在2016年8月出台了限制海外买家的政策来尝试冷却房价。不过很多调查显示,实际上在政府出台政策之前,房价就因为本身过高,超出当地居民可承受的范围而进入有价无市、销量下滑的局面。短期内动荡的局势让温哥华房产市场成为一个烫手山芋,很多国际知名分析机构都担心温哥华房价会出现崩溃并最终大幅下滑。但人们似乎忘了,温哥华在过去三四十年中,实际上已经经历了好几轮类似最近两年的上涨。至少对于华人投资者来说,一座世界宜居城市排行榜常年居前三的城市,同时在不到200万的人口中有接近50万是华裔,依山傍水、四季如春,这些因素都足以让投资者将温哥华作为他们首选的海外房产投资标的。

**宜居评分:★★★★★**

**经济学人宜居性调查排名:第3名**

**美世生活质量调查排名:第5名**

**Monocle生活质量调查排名:第7名**

本次蓝皮书的宜居评分中,五颗星是满分。满分并不代表完美,而是我们认为目前这个城市在世界所有房产市场中综合达到最高水平。而温哥华就是我们评比中绝对有资格拿到五颗星的城市之一。

温哥华位于落基山脉脚下,西面是长460公里、最宽100多公里的温哥华岛。当地四季相对分明,但冬季没有严寒,夏季极少酷暑,1月的平均气温为3℃,7月的平均气温为18℃。春天有满街樱花盛开,秋季则有漫山遍野的红叶,除了夏天之外,一年大部分时间北部的群山上都覆盖着积雪。全年降雨量在1 283毫米左右。温哥华所在的加拿大不列颠哥伦比亚

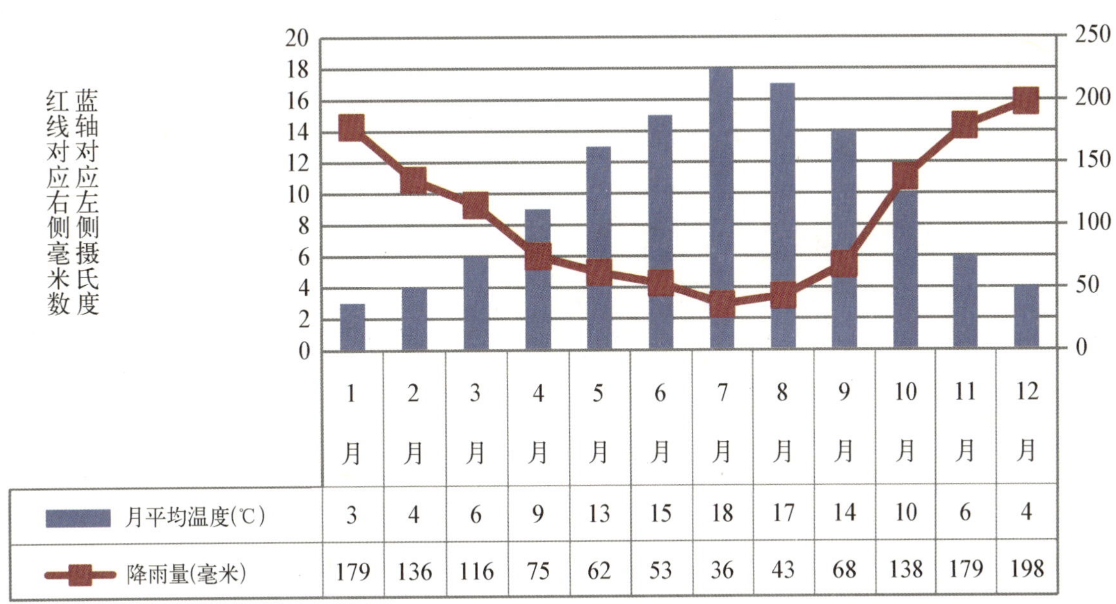


| | 1月 | 2月 | 3月 | 4月 | 5月 | 6月 | 7月 | 8月 | 9月 | 10月 | 11月 | 12月 |
|---|---|---|---|---|---|---|---|---|---|---|---|---|
| 月平均温度(℃) | 3 | 4 | 6 | 9 | 13 | 15 | 18 | 17 | 14 | 10 | 6 | 4 |
| 降雨量(毫米) | 179 | 136 | 116 | 75 | 62 | 53 | 36 | 43 | 68 | 138 | 179 | 198 |

图25　温哥华的气候概况

省是全世界清洁能源使用率最高的地区。温哥华当地目前97%的能源来自水力等可再生能源发电。同时温哥华四面基本被山林环绕，空气非常清新。整体来说，除了下雨天气较多，温哥华在环境方面，绝对算得上世界城市中最顶级的宜居地区。

温哥华的交通可能算是唯一公认的不足之处。当地地理环境复杂，既有海湾又有河谷，城市分区被水域分割，往来基本需要依靠桥梁。城市人口数量并不太多，且温哥华算不上非常繁忙的旅游目的地。这些因素算是帮了温哥华交通状况很大的忙。即使如此，温哥华在近年内仍然被一些媒体评为北美最拥堵的城市之一。当地治安整体上在北美城市中算是不错的。但东南部的卫星城素里市附近也有一些黑帮活动。不过在华人聚居的地区和豪宅区，除了小偷小摸之外，治安水平基本上良好。

温哥华最吸引人的就是其华裔社区的氛围。当地早在20世纪末就迎来大量的华裔移民，1997年前后以香港人居多。进入21世纪之后，大陆移民大量涌入当地。华人在当地的商界、文化甚至以往不太涉足的政界均有很强的影响力。在温哥华某些华人聚居的城市居住，你甚至感觉不到自己身处加拿大，满街都是亚裔面孔。中国游客、移民来到温哥华，基本上在安家落户、衣食住行上没有任何问题。

**综合成本评分：★★★☆☆**

温哥华市场中的公寓数量相对多伦多要少一些，位置也倾向集中，郊区以联排别墅和独立别墅为主。华人投资者尤其对当地的独立屋情有独钟。温哥华市中心公寓价格平均为每平方米4.75万元人民币左右。持有500万元人民币，按照2016年底的加元兑人民币汇率，在温哥华可选的公寓还是比较多的。500万元人民币可以购买一栋2013年新建成的两室两卫豪华公寓，面积为120平方米左右。500万元人民币对于温哥华目前平

图26

均150万加元(750万元人民币)左右的独立屋价格来说稍显无力。如果选择年代较老的房屋,500万元人民币仍然可以在温哥华华人聚居的列治文地区购买到150平方米左右的独立屋。

当地买房除了房款之外,交易时一次性验屋费500加元可以选择消费。房屋转让税按照房价不同在1%～3%之间(按照房价高低税率不同)。但没有加拿大移民或公民身份的海外买家在2016年8月2日之后需要额外支付15%的房屋转让税。其他的律师费等杂费一般不超过1 000加元。500万元人民币的房产需要缴纳的转让税约为7.5万元人民币。新房买家需要缴纳5%的消费税,而二手房买家则不用负担这部分开支。按照上面500万元的标准,购房需要额外缴纳8万元到最高100万元人民币不等的各类税费(视新房和二手房不同、居民和海外买家不同差距较大)。温哥华地税大约为0.5%。拥有该处房产之后,每年的房产税加物业费额外开销大约为5万元人民币。

尽管被西方很多媒体和研究机构认为是目前世界上房价涨幅最高、房产泡沫风险最大的城市之一,但温哥华房产在很多方面仍然比美国和中国一线城市相对便宜。而当地较低的房产持有成本也让租房有利可图。温哥华的平均售租比约为24.95,尽管房价较高但地税相对较少,而且租房市场紧缩,房源紧张。租金应付地税和管理费的开销绰绰有余,连水、电、煤气和部分贷款都可以覆盖。

短期潜力评分：★★☆☆☆

2016年下半年，在政府突然袭击式的管控以及价格本身脱离当地居民承受范围这两方面因素的影响下，温哥华房价出现回调。尽管省政府非常希望将控制房价的功劳归于自己名下，但从房产销售数据在春夏两季开始就表现出的疲软来看，市场本身的调整仍然占据主导地位。这也说明另一件事，即温哥华房产市场目前的价格水平相对是达到供需平衡的。目前温哥华部分地区房价的水平尽管早已超出当地人的收入可承受范围，但在温哥华当地众多的高净值投资者眼中，仍然是相对可以接受的。尽管在过去两年温哥华房价涨幅累计达到50%左右，但与北京、纽约、伦敦等世界最贵的房产市场比较起来，当地房屋相对成本仍然是较为便宜的。高净值投资者即使考虑到15%的附加税，也仍然认为继续买入温哥华房产有利可图，或者至少算是合乎逻辑。而大部分在当地工作和生活的中产阶级基本都是加拿大移民或者公民，实际上并没有受到15%附加税的影响。

温哥华房价在2016年累计涨幅大约为25%。这种涨幅从目前来看在2017年重现的可能性极小，基本上随着市场中一些较为疯狂的购买行为消失，房价在2017年保持与物价水平接近的2%～5%的涨幅是比较合理的。有一些人认为，温哥华房价可能会出现10%～20%的下跌，这一点需要看数据的焦点。如果是“平均售价”的话，那么的确有这个可能，因为这时候一些存在问题、之前价格过高而房主又急需现金的房屋会在市场上被折价出售。但如果是“房屋价值指数”，那么下滑20%以上的可能性很小。因为对于温哥华房产投资者来说，在此居住或是出租足以负担房屋持有成本，大部分人完全不必选择折价出售这条路。

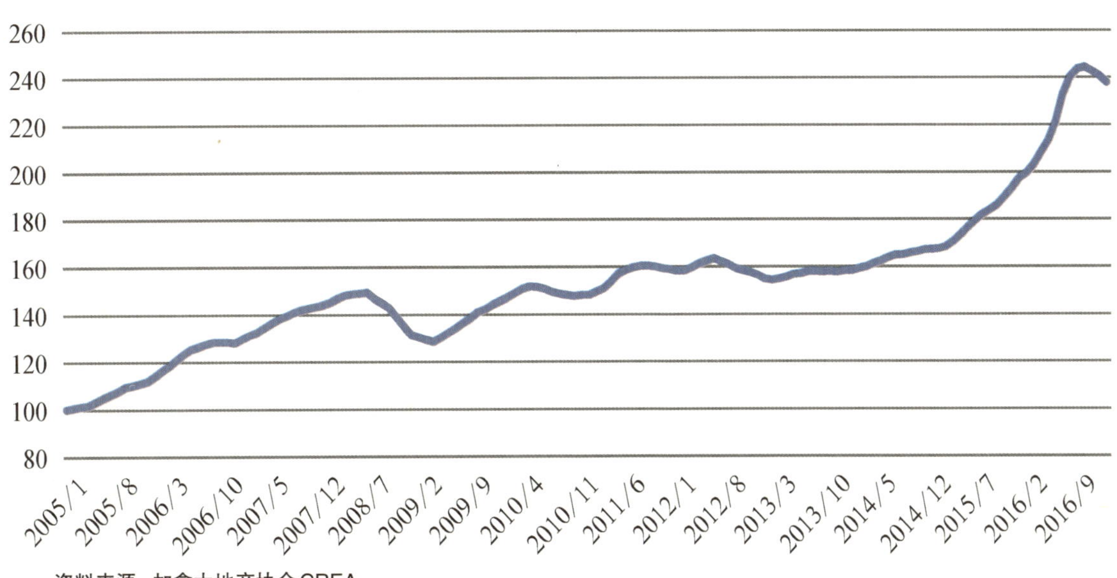


资料来源：加拿大地产协会CREA。

图27　温哥华的房价指数

温哥华在2017年进一步出台房产管控政策的可能性不是很大。BC省将在2017年5月开始省选。在此之前，温哥华的房价回调理论上足以让现任省政府获得足够的支持。加元回暖则成为影响温哥华房价的唯一、可预见的影响因素。如果加元回暖，那么一些没有赶上末班车的海外投资者可能会考虑转向其他市场，不过实际上，大部分有能力、有资源在温哥华买房的投资者已经在过去两年内购买了，2017年当地房产主要的基调还是调整和回到平衡。

**长期稳定评分：★★★★☆**

支撑因素一：世界顶级宜居城市

温哥华是世界数一数二的宜居城市。这一点本身就是当地房产市场最大的金字招牌。当地温和的气候以及与世无争的地理位置都是海外高净值投资者选择当地房产的最大决定因素。当地绝大部分高价房产的买主来自美国、中国和世界其他地区。美国很多富豪、名流也有住在温哥华的避暑别墅。这让温哥华当地的高端房产市场从来都不缺阔绰的买主。房价居高不下的原因也正在于此。

支撑因素二：可开发土地稀有

几乎所有位于北美洲西海岸的城市都有这一通病，那就是城市被水域分割，可建筑的土地相对稀有。物以稀为贵的概念在温哥华是最为明显的。北面的群山并不适合居住，而南面就是美国边境。温哥华在这个狭长的地区已经非常拥挤，当地还有多条河流、海湾。这些先天因素让温哥华市区、西温、北温等豪宅区供需严重不平衡。即使房价大涨，也很难找到差不多的替代品。所以温哥华当地经常会看到两处相近房产过一条河、过一条街就相差几十万甚至上百万的例子。地理环境基本上是难以改变的，所以这个因素将继续在未来支撑温哥华房价。

风险因素：缺乏主体经济支柱

温哥华是目前加拿大就业增长最快的地区之一。但当地在整体经济规模上仍然难以与东部的多伦多进行比较。在原油价格较高的年份里，温哥华的经济表现甚至不如位于落基山脉上的阿尔伯塔省城市。当地尽管房价在全加拿大稳居第一，但经济上缺少能够创造高质量就业机会的支柱产业。外贸、物流、能源、高科技、电影等产业虽然近些年有一定的发展，但都达不到成气候的规模。

### 3. 蒙特利尔：宜居评分★★★☆☆

蒙特利尔是加拿大魁北克省最大的城市。魁北克省在加拿大特殊的地位以及当地的移民政策相比加拿大联邦更加宽松的形势让蒙特利尔房产最近几年格外受到关注。随着加拿大近年来不断收紧包括投资移民在内的移民通道，蒙特利尔已经成为追求更加便利移民条件人士的最佳选择。相比加拿大其他城市来说，魁北克省的法语环境可能让一些人望而却步，但实际上，作为英法双语混合得非常好的城市，在蒙特利尔生活并不像某些人想象得那么困难。而相对更低的价格标准，也为投资者带来更多的选择。

**宜居评分：★★★☆☆**

**美世生活质量调查排名：第23名**

蒙特利尔相比加拿大另外两大城市——多伦多和温哥华来说，环境和气候可能不那么优越。当地位于加拿大东部，除位于东北方的魁北克城之外，正北方几百公里外基本就是荒无人烟的加拿大北寒林地带。

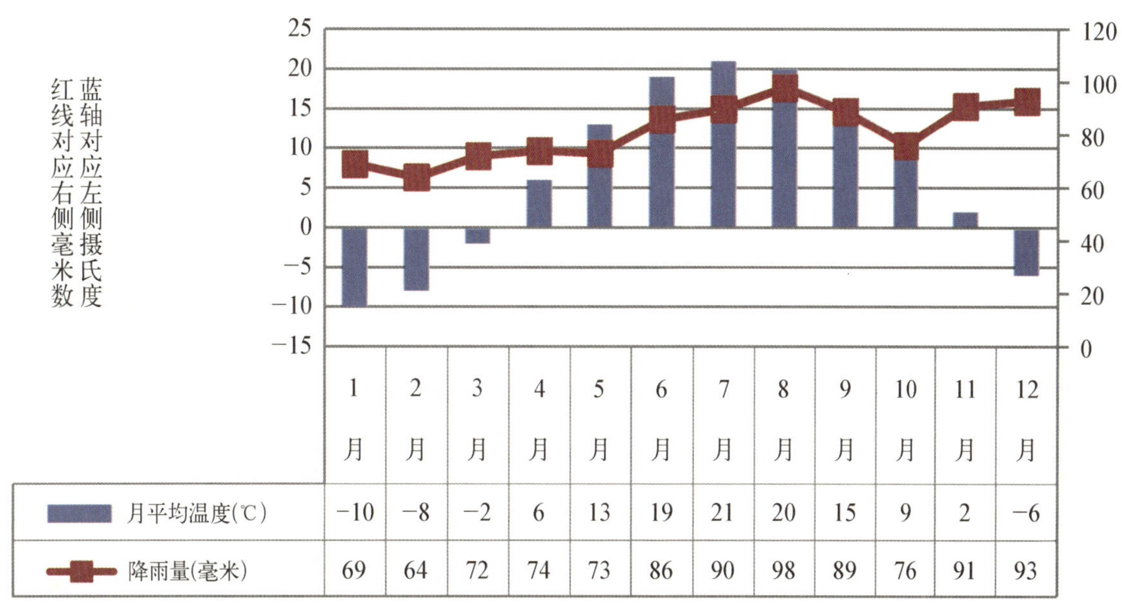



| | 1月 | 2月 | 3月 | 4月 | 5月 | 6月 | 7月 | 8月 | 9月 | 10月 | 11月 | 12月 |
|---|---|---|---|---|---|---|---|---|---|---|---|---|
| 月平均温度(℃) | −10 | −8 | −2 | 6 | 13 | 19 | 21 | 20 | 15 | 9 | 2 | −6 |
| 降雨量(毫米) | 69 | 64 | 72 | 74 | 73 | 86 | 90 | 98 | 89 | 76 | 91 | 93 |

图28　蒙特利尔的气候概况

冬季寒冷多雪，年降雪量能够达到2.14米，夏季炎热干燥。1月的平均气温为−10℃，7月的平均气温为21℃。大雪通常并不影响人们的出行，因为蒙特利尔政府每年都会花费上千万加元来保证除雪工作正常进行。经常在大雪刚下时，除雪车就已经开始工作了。

蒙特利尔的交通状况在北美大城市中排名中游。城市地铁和公共交通基本能够满足居民需求。同时，由于主要的城区都集中在劳伦斯河主流北部的本岛上，所以整体来说，并不算特别拥堵。基础设施相对陈旧可能是当地的一个问题，蒙特利尔主要的道路基本都是20世纪七八十年代建成的，近些年城市道路偶尔传出破损的问题，不过政府也在尽力补修。蒙特利尔的治安在加拿大人口最多的三个大城市中算是最糟糕的一个。古老的城区和地下四通八达的商业地下城使大量的无业游民聚集。当地的刑事犯罪案件也要比多伦多和温哥华相对多一些。

尽管环境不如其他两个大城市，但蒙特利尔的教育水平在加拿大范围内还是不输给多伦多和温哥华中的任何一个。当地包括麦吉尔大学在内的大量高等学府在全世界的大学中都可以排在前列。而中小学教育也基本都是以英法双语教学。在这一点上，希望子女有多语种能力的投资者选择住在魁北克可以说是额外获得了一个无价的法语生活环境。

**综合成本评分：★★★★☆**

蒙特利尔城市结构相对较老，市中心尽管有部分独立屋，但通常年代久远，市区公寓仍然占多数。蒙特利尔市中心公寓平均价格大约为每平方米2.1万元人民币。持有500万元人民币，按照2016年底的加元兑人民币汇率，在蒙特利尔市中心靠近麦吉尔大学的豪华地段可以购买一栋2006年建成的两室两卫豪华公寓，面积为100平方米左右。蒙特利尔独立屋价格相对便宜，500万元人民币在当地河道东边的伯撒豪宅区可以购买到有六间卧室的450平方米左右的独立别墅。当地买房除了房款之外，交易时一次性验屋费500加元可以选择消费。房屋转让税按照房价不同在0.5%～1.5%之间（按照房价高低税率不同）。其他的律师费等杂费一般不超过1 000加元。500万元人民币的房产需要缴纳的转让税约为7万元人民币。新房买家需要缴纳14.97%的消费税，而二手房买家则不用负担这部分开支。按照上面500万元的标准，购房需要额外缴纳7万元到75万元人民币不等的各类税费（视新房和二手房不同，差距较大）。蒙特利尔地税大约为0.827%。拥有该处房产之后，每年的房产税加物业费额外开销在7万到8万元人民币。

蒙特利尔的税务相比加拿大其他地区要多一些，但并不会差距太大。蒙特利尔的平均售租比约为19.04。租金应付地税和管理费开销绰绰有余。在当地以房养房的策略对于大部分比较容易出租的公寓来说还是非常合适的，不过鉴于当地是较为寒冷的地区，如果在当地有占地较大的独立屋，夏天除草、冬天除雪的成本较高，而且如果屋主不管理好自家门

图29

前，市政府也会视情况罚款。

**短期潜力评分：★★☆☆☆**

在温哥华和多伦多两大城市房价大幅上涨的过程中，蒙特利尔这个加拿大第二大城市似乎被世人遗忘了。当地房价在过去五年多来，一直以每年2%～3%的趋势随着通货膨胀稳定上升。而这种情况在2017年也没有特别明显要出现改变的迹象。实际上，当地在加拿大独特的地位注定让蒙特利尔房产市场既不会太过火热，也不会太过冷清。当地只要继续存在着移民便利、人口众多但同时气候寒冷、经济并不活跃，以及使用法语等特点，在全球房产市场中就会仍然保持目前的稳定走势。

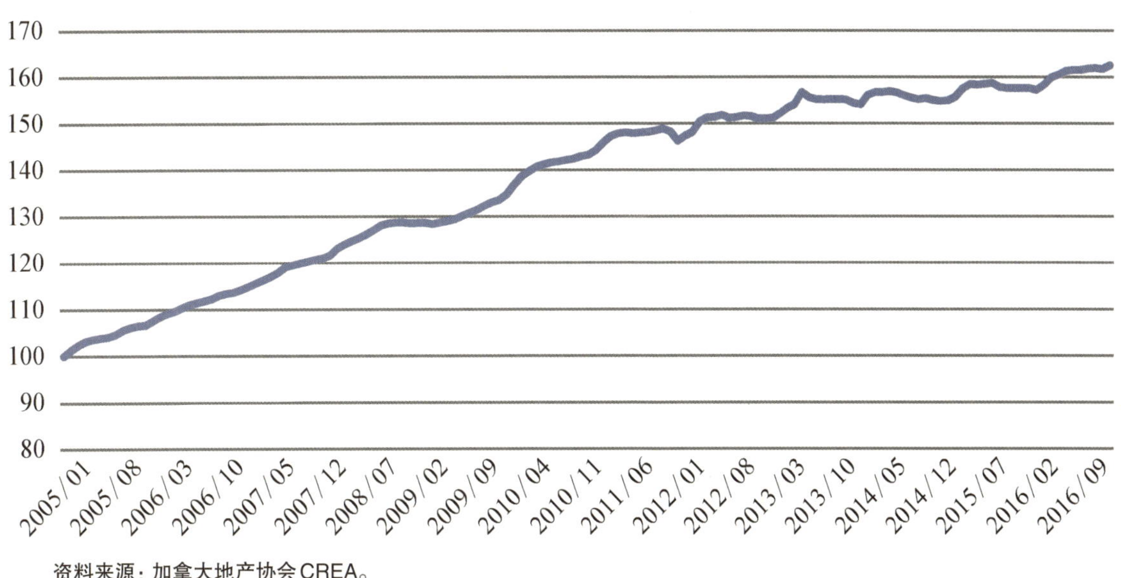


资料来源：加拿大地产协会CREA。

图30　蒙特利尔的房价指数

蒙特利尔房产市场2016年涨幅约为2.6%。按照过去5年的趋势，2017年继续保持2%～3%的涨幅概率很大。

找出一个蒙特利尔2017年对房产市场最重要的影响因素实在是件比较困难的事情。但对于华人投资者来说，加元涨跌的确会影响房产投资。如果投资额较大或者目前还没有兑换加元，那么这个影响比例完全有可能超过当地房价本身的波动。

**长期稳定评分：★★★☆☆**

支撑因素一：宽松的移民政策

作为加拿大唯一的法语省份，魁北克省的移民政策可以算是加拿大全国最为宽松的。这让魁北克成为很多在其他地区获得移民身份较为困难的投资者首选的登陆地点。当地独特的身份让其政策与其他省份较为不同。所以尽管在加拿大三大城市中，蒙特利尔在气候和经济两方面占不到太多便宜，但通过宽松的移民政策仍然吸引了一些人口流入。当地的房产也因此获得一些需求支撑。

支撑因素二:稳定的价格优势

蒙特利尔是一个双语城市,但法语对于美国和中国很多移民来说都是比较麻烦的一个问题;蒙特利尔相对多伦多和温哥华来说都要更加寒冷一些。这些因素让蒙特利尔在加拿大的房产市场相对不受重视。正是这些微小的差别,让当地的房价基本上保持稳定,不会出现类似温哥华和多伦多最近两年的这种大涨。平均房价等指标也较其他城市更低。总会有投资者更加重视性价比,而性价比正是蒙特利尔房产市场有实力炫耀的优点。

风险因素:经济衰退之后缺乏发展方向

蒙特利尔曾经是加拿大的第二大经济中心,而且在20世纪的大部分时期,当地与多伦多的差距非常微小。但随着港口因为国际化船只逐渐变大而被放弃,蒙特利尔引以为傲的外贸和重工业都开始走下坡路。当地经济在进入21世纪之后重新在高科技、金融领域找到一些发展方向。预计蒙特利尔房产在未来10到20年内,想要从当地经济方面获得增长的动能,难度还是大了一些。

### 4. 卡尔加里:宜居评分★★★☆☆

作为加拿大的第四大城市,坐落在落基山脉脚下的卡尔加里的命运与加拿大的油田息息相关。而近两年原油国际价格的低迷大大打击了卡尔加里当地的经济,房产市场也受到波及。随着很多原油企业大量裁员,卡尔加里流失了大量高薪的工作机会,很多居民被迫出售房产寻求家庭收支平衡,或者搬离卡尔加里到其他城市寻找机会。这些情况都使卡尔加里目前的房产走势创造有史以来最低迷的表现。但作为加拿大最主要的出口产品,石油在加拿大经济中的地位还是不容忽视的。这就表示在未来石油价格回到平均水平之后,卡尔加里房产仍然有机会重新恢复生机。

**宜居评分:★★★☆☆**

**经济学人宜居性调查排名:第5名**

**美世生活质量调查排名:第32名**

卡尔加里坐落在落基山东麓,平均海拔为1 000米左右,属于高原气候。当地寒冷干燥,年降雨量428毫米左右,年降雪量为1.24米。当地一天内的温差有时可以达到20℃以上。1月的平均气温为-10℃,7月的平均气温为16℃,冬季时常会出现-30℃以下的极端寒冷天气。

当地的空气质量比起其他几个省份也并不算好,作为加拿大最大的石油生产省,卡尔加里在碳排放上算是全加拿大最多的一个。不过落基山脉茂盛的植被为吸收有害气体做出很大贡献。卡尔加里距离世界著名的班芙国家公园仅有1个多小时的车程。当地的冬季运动如滑雪等异常发达,这一点对于爱好滑雪的人士来说算是一个加分项。

卡尔加里的城市建设和交通相对其他加拿大大城市来说要好很多。高原上土地面积

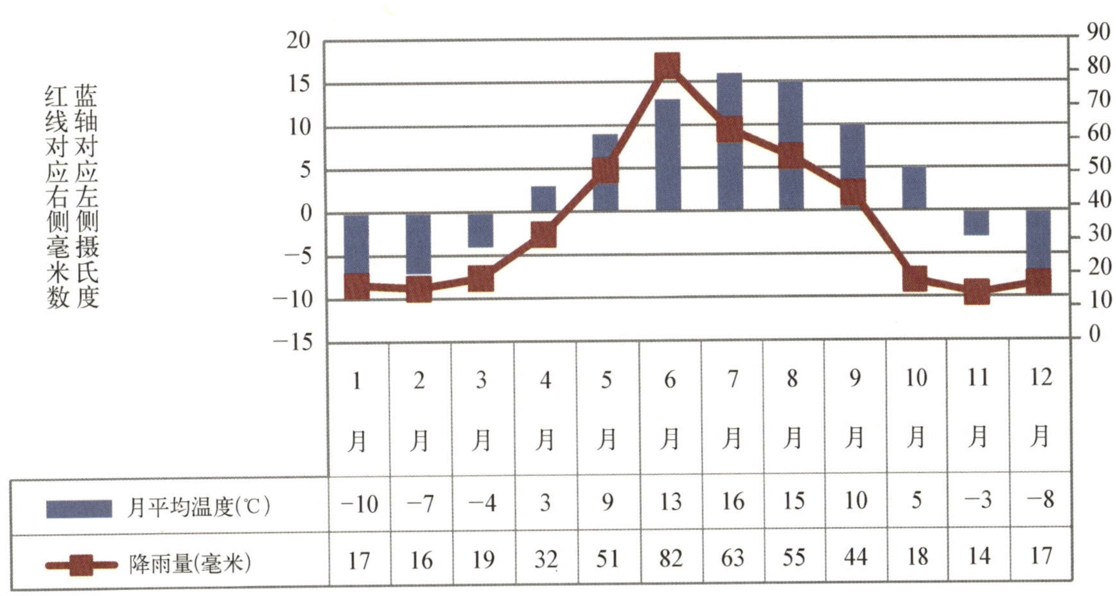


| | 1月 | 2月 | 3月 | 4月 | 5月 | 6月 | 7月 | 8月 | 9月 | 10月 | 11月 | 12月 |
|---|---|---|---|---|---|---|---|---|---|---|---|---|
| 月平均温度(℃) | −10 | −7 | −4 | 3 | 9 | 13 | 16 | 15 | 10 | 5 | −3 | −8 |
| 降雨量(毫米) | 17 | 16 | 19 | 32 | 51 | 82 | 63 | 55 | 44 | 18 | 14 | 17 |

图31　卡尔加里的气候概况

广阔。城市并不缺少可供建造道路、桥梁的空间。这让卡尔加里的交通状况至少在加拿大前四大城市中算是最好的一个。除冬季偶尔出现名副其实的大雪封门情况之外，基本上交通不是卡尔加里居民经常抱怨的问题。石油城治安也算是加拿大比较好的一个。当地民风淳朴，同时冬季的极端天气也让流浪汉数量非常稀少。整体来说，犯罪率比其他大城市都要低。

卡尔加里的教育水平在加拿大人口前四大城市中并不算突出。最有名气的大学是当地的卡尔加里大学。

**综合成本评分：★★★★☆**

卡尔加里作为加拿大的石油城，兴起时间并不久远。当地市区公寓占多数，但平原并不缺土地，所以独立屋在很多靠近市区的地方也有不少。当地平均房价大约为46.9万加元。市区公寓平均房价大约为每平方米2.5万元人民币。持有500万元人民币，按照2016年底的加元兑人民币汇率，在卡尔加里市中心可以购买一栋2015年建成的三室三卫豪华公寓，面积为150平方米左右。如果偏好矮层别墅，500万元人民币在卡尔加里大学附近可以购买到有三间卧室的200平方米左右的联体别墅。当地买房除房款之外，交易时一次性验屋费500加元可以选择消费。其他的律师费等杂费一般不超过1 000加元。500万元人民币的房产需要缴纳的转让税约为7万元人民币。新房买家需要缴纳14.97%的消费税，而二手房买家则不用负担这部分开支。阿尔伯塔省不征收房屋转让税，所以在卡尔加里购房的居民可以免去这一部分开销。按照上面500万元的标准，购房需要额外缴纳不到1万元，如果在当地购买新屋，则要额外缴纳65万元人民币左右。卡尔加里地税大约为0.37%。拥有该处房产之后，每年的房产税加物业费额外开销在2万～3万元人民币。

图32

卡尔加里在房产方面的税收政策相对比较优惠，但当地的租房市场在最近两年原油企业裁员的大潮中表现不佳，空置率偏高。卡尔加里的平均售租比约为16.82。租金应付地税和管理费开销不成问题，但是找到稳定的租客是个难题。同时，与蒙特利尔一样，如果在当地有占地较大的独立屋，夏天除草、冬天除雪的成本较高，不管是自己处理还是花钱雇人，都是一件需要重视的事情。

**短期潜力评分：★★☆☆☆**

“石油之都”加拿大的房价在过去一年中可谓是跌得非常之惨。其中尤以公寓等工薪阶层住宅跌幅最为明显。不过成也石油败也石油，卡尔加里的房价与石油价格还是会继续挂钩。目前分析师们对于2017年油价是否回暖还不确定，但很明显，阿尔伯塔省的原油企业已经在过去两年的油价寒冬中得到了成长，通过削减开支、提高效率让公司“瘦身”成功。2017年油企们开始渐渐回到正轨，准备重新拓展事业。这对于当地的房价是有一定提振作用的。

卡尔加里房屋价格指数在过去一年中下跌了4%左右。但随着原油企业基本稳住了阵脚，价格继续下跌的可能性较小。2017年当地完全有能力出现3%左右的反弹，将价格重新推回到2014年和2015年的水平。

2017年对卡尔加里房产价格影响最大的将是国际油价的走势以及当地油企的投资活动。如果油企重新恢复投资，而国际原油价格也能稳定地回升的话，当地仍然将作为加拿

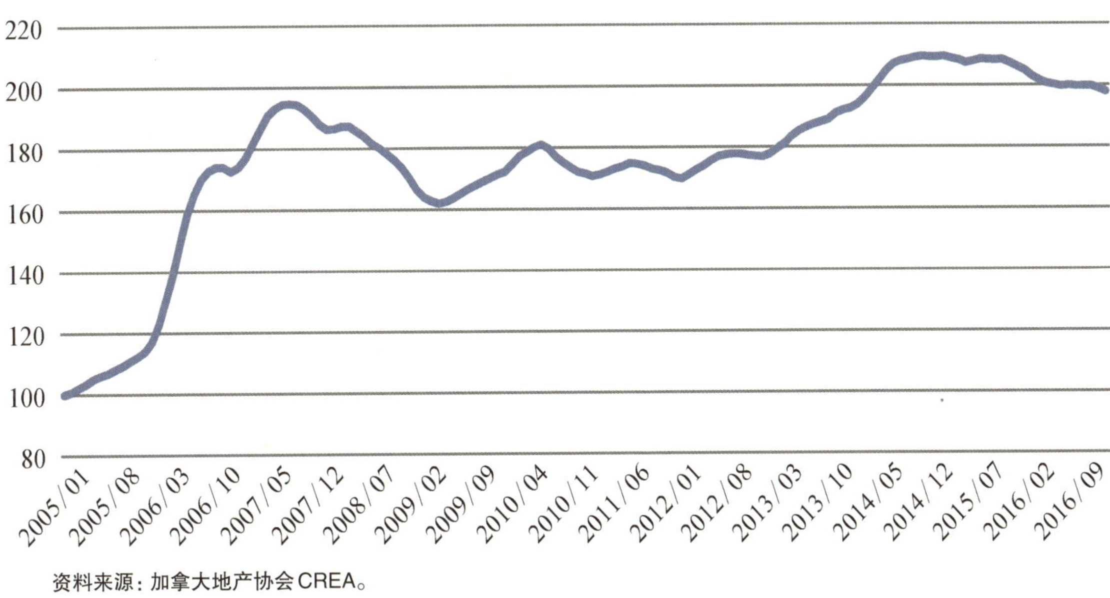


资料来源：加拿大地产协会CREA。

图33　卡尔加里的房价指数

大原油行业发展最强劲的地区获得实惠。但油价如果在上涨过程中不能保持稳定，继续起伏颠簸，那么卡尔加里的房产市场也会继续保持一段时间的低迷。相比之下，原油价格是当地房产大环境创造者，而当地油企的投资规模、雇佣状态等才是直接对卡尔加里房价起作用的因变量。

**长期稳定评分：★★★☆☆**

*支撑因素&风险因素：石油*

长期来讲，卡尔加里的房产市场除了石油，真的找不出其他关键影响因素。卡尔加里本身就靠石油发家。一个位于山区曾经主要以农业为主的小镇因为地处世界最大的原油产地中心，在短短半个世纪成为加拿大第四大城市。可以说，石油给了卡尔加里发展的核心力量，同时也是卡尔加里最大的“软肋”。2014年末石油大幅崩跌之后卡尔加里房产市场的波动已经告诉我们，石油对于当地有多么重要。长期来讲，想象一下，将来人类不使用石油作为主要燃料的时候卡尔加里会是什么样子。但从另一方面，目前人类的确看不到短期内能够将石油彻底取代的可能性。所以我们有理由相信，卡尔加里的房产至少在石油产业继续保持的情况下，不会失去其最大的吸引力。

## （三）欧洲

### 1. 伦敦：宜居评分★★★☆☆

作为英国的首都，伦敦在2016年拥有了新的身份。过去十几年间，伦敦都是欧盟最大的城市，是整个欧洲的金融中心。但在2016年6月23日的英国脱欧公投中，脱欧支持率以微弱的优势超过半数，英国人最终决定让自己的国家退出欧盟。随着这个事件的发生，整个英国的政治、经济、文化等领域都受到了冲击。而且随着脱欧流程的不断推进，整个英国开始逐渐感受到脱欧带来的影响。整体来说，2016年内伦敦房产受到英国脱欧的影响还是不小的。尤其是脱欧结果刚刚公布的数周内，当地房价出现巨大动荡，商业地产受到的冲击尤为严重。另外，英国新任首相特蕾莎·梅对于可负担住房的重视态度也让海外投资者未来的处境有些尴尬。2017年英国房产整体的走势仍然会随着脱欧进程的发展运转。

**宜居评分：★★★☆☆**

**美世生活质量调查排名：第39名**

伦敦最著名的别称就是“雾都”。这个称呼顾名思义当然就是说伦敦当地雾气较大。实际上，学者们对于伦敦雾的产生有两种解释。一个原因是伦敦距离英吉利海峡很近，北海寒冷的雾气经常顺泰晤士河而上进入伦敦城，另外一个原因是英国作为工业革命的核心地区，拥有世界上最古老的燃烧煤矿历史，煤矿的大量燃烧导致了雾霾天气多发。英国政府近几十年一直在整顿当地的空气污染问题。目前的伦敦，

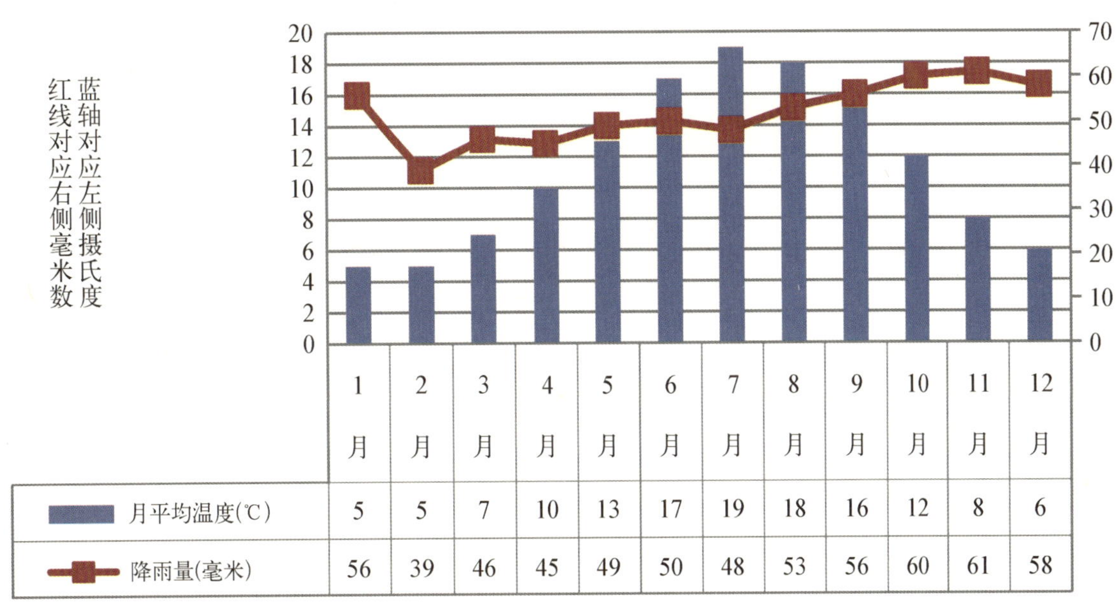


| | 1月 | 2月 | 3月 | 4月 | 5月 | 6月 | 7月 | 8月 | 9月 | 10月 | 11月 | 12月 |
|---|---|---|---|---|---|---|---|---|---|---|---|---|
| 月平均温度(℃) | 5 | 5 | 7 | 10 | 13 | 17 | 19 | 18 | 16 | 12 | 8 | 6 |
| 降雨量(毫米) | 56 | 39 | 46 | 45 | 49 | 50 | 48 | 53 | 56 | 60 | 61 | 58 |

图34　伦敦的气候概况

已经基本上只有雾而没有霾了。不过伦敦的空气质量与北美或者大洋洲城市比起来，还是会稍微差一些。

伦敦气候相对凉爽、潮湿。当地1月的平均气温为5℃，7月的平均气温为19℃。年降雨量约为621毫米。尽管降雨量不多，但来自北海的潮湿空气仍然使当地整体偏向潮湿。当地人口众多，寸土寸金，所以伦敦大部分的房产主要以公寓或是联排别墅的形式存在。而在洛杉矶号称5亿美元的豪宅没有建好之前，伦敦的海德公园一号顶层公寓仍然保持着世界最贵房产2.2亿美元的最高纪录。

伦敦公共交通系统发达，是世界上拥有最密集地铁网络的城市之一。在伦敦市郊居住的人基本上是不会考虑开车上下班的，城区内很多道路都有上百年历史，既不宽阔，又错综复杂，从地图上就能看到，当地道路很少有横平竖直的状况。不过整体来说，公交的存在弥补了道路的缺陷，对于居住来说，伦敦的交通状况尚算便利。伦敦当地的治安整体还算不错，至少在2015年遏制住叙利亚难民，并在2016年决定脱欧之后，欧洲大陆目前面临的治安问题在伦敦相对要好得多。同时伦敦当地是世界著名的教育和文化中心，从小学到大学的教育水平即使在全世界范围内也首屈一指。大英博物馆等众多文化机构更是让人流连忘返。

作为欧洲最主要（基本也是唯一）的英语系大都市，伦敦的华人社区发展非常完善。超市、餐厅应有尽有。不过在欧美各国中，英国的移民政策算是相对严格的。尤其是在历任移民部长、素来以限制留学生政策著称的特蕾莎·梅成为首相之后，移民政策理论上说可能不会给海外投资者很多机会。伦敦的物价水平也是欧美各国中相对较高的，如果不在当地工作的话，除了房产投资之外，日常花销也要比其他国家开支更大一些。

综合成本评分：★☆☆☆☆

伦敦城历史悠久，很多老式建筑保存完好，配合历史情调和地理位置甚至比新房价格还高。当地市区公寓占多数，市区公寓平均价格高达每平方米12.97万元人民币。持有500万元人民币，按照2016年底的英镑兑人民币汇率，在伦敦白金汉宫附近可以购买一栋百年历史的一室一卫公寓，面积较小，仅为35平方米左右。500万元人民币在伦敦市区购买独立屋选择不多，不过在北部地区仍然可以购买到三间卧室的80平方米左右的联体别墅。当地买房除了房款之外，律师费就可能达到上千英镑，而验房又要上千英镑。伦敦的房产转让费在1%～2%之间。同时第二栋房和出租的房屋需要缴纳土地印花税。500万元人民币的房产购买时需要缴纳的费用约为6.5万元人民币。伦敦没有地税，但有所谓的市政税，这项税务按照居民居住区域的不同从几千到上万英镑不等。上述房产，每年的市政税等额外开销为1.5万～3万元人民币。

伦敦地区的税收政策比起英国其他地方要优惠得多，当地租房市场也非常火热。伦敦的平均售租比约为32，但市中心地区售租比达到欧洲最高的41.31。市郊租金应付市政税还是可以的，但考虑到伦敦市郊老房偏多，维护费用看起来不起眼，但天长日久也是一笔不小的费用。而且政府在2015年新加入的出租房屋印花税对于房东来说影响也不小。整体来说，在伦敦相对靠外的地区买房出租仍然有利可图，但利润已经不如一两年

图35

前那么高了。伦敦市中心理想地段房价基本都比较离谱，在较好的地段买房出租盈利的可能性不高，更多出租房屋的房东仅能回收一部分持有成本。纯投资者更多看中的是房屋本身价值的上涨。

**短期潜力评分：★★☆☆☆**

在过去的5年20个季度中，伦敦房价仅有5个季度出现环比下滑。而其中3个是发生在2012年。连续数年的增长加上英国目前的政治不确定性，让我们有理由相信伦敦的房价将进入一个调整期。作为欧洲以及世界上最重要的金融中心之一，伦敦的房价已经保持了上百年的世界领先水平。目前伦敦在房屋的售租比、价格与平均工资比例等方面都占据着欧洲城市中第一位的“宝座”。这些实际情况都成为当地房价继续上涨的阻力。同时，在英国公投脱欧之后，伦敦房产在2017年注定将继续处于风口浪尖，随着脱欧进程的各种波动而摇摆。但在脱欧之后一段时间，保持了上百年的高房价似乎并没有因为英国退出欧盟而产生非常大的恐慌性下跌。这种情况为伦敦房价在2017年继续保持相对稳定提供了有力的支撑。

伦敦房价2016年的涨幅基本在4%左右。从目前英国脱欧的影响看，当地房价在脱欧失去控制、经济倒退的极端条件下，下跌5%～10%是有可能的。但这种可能性很小，更加普遍的看法是，伦敦房价走势将在2017年保持相对平稳，或是随着通货膨胀小幅增长。

2017年对伦敦房价最重要的影响因素无疑是英国脱欧的进程。脱欧过程中以及之后对于当地经济的影响，成为最主要的房价走势推动因素。如果像某些人担忧的那样，在伦敦设立总部的企业会因为英国脱欧而逐渐转移到欧洲其他城市，那些伦敦地区尤其是市中

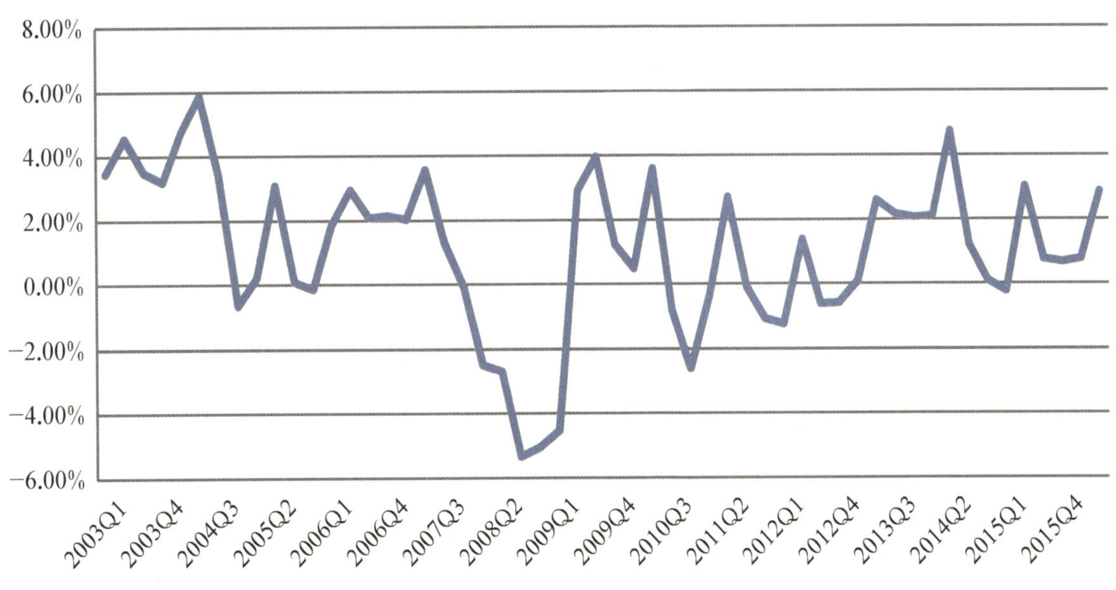


资料来源：英国建筑协会Nationwide。

图36　伦敦房价的涨跌幅度

心的房价下跌将会非常明显。但目前这个情况将是英国政府极力避免的,政府将竭尽全力让过渡变得更加平稳。不过万一伦敦房价真的出现下跌,对于目前没有投资当地房产的人,反而是一个入市的机会。对于那些已经购买当地房产的投资者,也不必惊慌。伦敦本身房产的价值有其世界第一线城市的身份作为保障。即使短期内出现下滑,从中长期来讲,在伦敦这样的世界级的一线城市,房产投资基本是稳赚不赔的。

**长期稳定评分:★★★☆☆**

支撑因素一:世界顶级都会区的吸引力

伦敦与纽约类似,即使在世界级大都会中,也可以算是保持最前列的超级城市。这样的市场,名字本身就是一个非常具有吸引人的品牌。伦敦尽管在20世纪末和进入21世纪后已经逐渐失去欧洲一枝独秀的身份,但作为英语国家在欧洲的核心,当地仍然是英语世界最具吸引人的欧洲房产投资标的。这种城市的吸引力主要体现为更受国际高净值投资者的关注,所以伦敦的房产高端市场受到的支撑更多。

支撑因素二:经济规模

英国尽管目前在GDP上仅仅排到世界第五,但伦敦仍然是欧洲的金融中心。当地在英国本身的地位、在欧洲的经济地位都将继续支持就业、经济发展等与房产息息相关的领域的表现。伦敦目前仍然拥有欧洲排名第一的人均GDP水平。当地居民本身的购房实力在未来支撑房产绰绰有余。

不确定因素:英国脱欧

英国脱欧在2016年对整个世界造成了非常震撼的冲击。英国本身的房产市场首当其冲经历了这一历史性时刻。不过截至2016年末,脱欧的实施还没有最终确定,影响也暂时局限于市场情绪方面。我们的确在2016年见证了英国公投脱欧之后房产市场的恐慌,但是在最初的恐慌过后,市场冷静下来并进行了反思。脱欧对于伦敦房产真的就意味着崩溃吗?诚然,英国如果留在欧盟,很多大型企业在当地的总部就更有保障,但英国脱欧之后对于当地房产可能也会有其他的影响。曾经与全欧洲城市竞争的房产目前可以继续在单一市场中流通,那么这对房产的长期走势究竟是好是坏,目前并没有定论。而且我们可以看到,英国并不是唯一一个对脱欧有兴趣的欧盟国家。未来整个欧盟的走向都将会影响欧洲几个主要城市的房产。目前来看,虽然英国脱欧对房产情绪的负面影响较大,但随着形势继续发展,我们并不确定,脱欧对英国房产长期的走势就是一件坏事。

### 2. 巴黎:宜居评分★★★☆☆

2016年对于巴黎房产市场来说,算是危机之后出现转机的一年。在2015年年末巴黎爆发大规模恐怖袭击之后,当地房产就受到很大打击。不过在进入2016年之后,恐怖袭击造成的影响已经逐渐被淡化。作为欧洲最主要的文化、商业中心,巴黎房产市场重新靠自身的吸引力获得了不错的销售成绩。而且当地人口众多、城市化趋势高度集中的状态让巴

黎继续保持房屋库存紧缺、中心地带房市供不应求的局面。英国脱欧为巴黎带来了新的潜在发展机会。伴随法国政府“大巴黎”计划的实施，当地一直在寻求吸引金融等大型企业前往巴黎成立总部。而英国脱离欧盟将可能在未来给隔海相望的巴黎带来更多的发展机会。对于房产市场来说，大量跨国企业的入驻将带来更多的高薪工作、更多的富豪购房需求，以及更多的房产流动。

**宜居评分：★★★☆☆**

**美世生活质量调查排名：第37名**

**Monocle生活质量调查排名：第15名**

巴黎位于法国北部巴黎盆地中央，塞纳河由东南至西北流经市区。整体来说，相比温暖的法国南部来说，巴黎受到寒冷大西洋气候影响的程度更高一些。这里冬季多雨，夏季相对炎热、干燥。1月的平均气温为3℃，7月的平均气温为19℃。全年的降雨量为647毫米左右，但分布比较平均，同时受到雾气的影响，当地整体较为湿润。控制污染指数上，巴黎近些年已经好转很多，但与北美、大洋洲的城市相比还是要差一些。

巴黎的出行基本还算是欧洲各大都市中相对不错的。这并不是说畅通无阻。实际上，考虑到限行、上下班高峰以及时不时出现的游行示威，巴黎的交通状况对于开车出行的居民并不友好。但市政府近年来一直大力发展公交系统，包括在一些节假日或者周末可能造成堵车的时段采取限行加公交免费的政策，让大部分巴黎市民更愿意选择乘坐公共交通出行。这在一定程度上缓解了巴黎当地的交通拥堵状况。巴黎城区中心的治安还算可以，在游客众多的市中心除了盗窃问题略微频繁之外，并没有特别让人担心的问题。但北部城市近郊的中亚、北非移民聚居区治安一直不太好。综合来讲，当地治安处于欧洲各大城市中的中游水平。

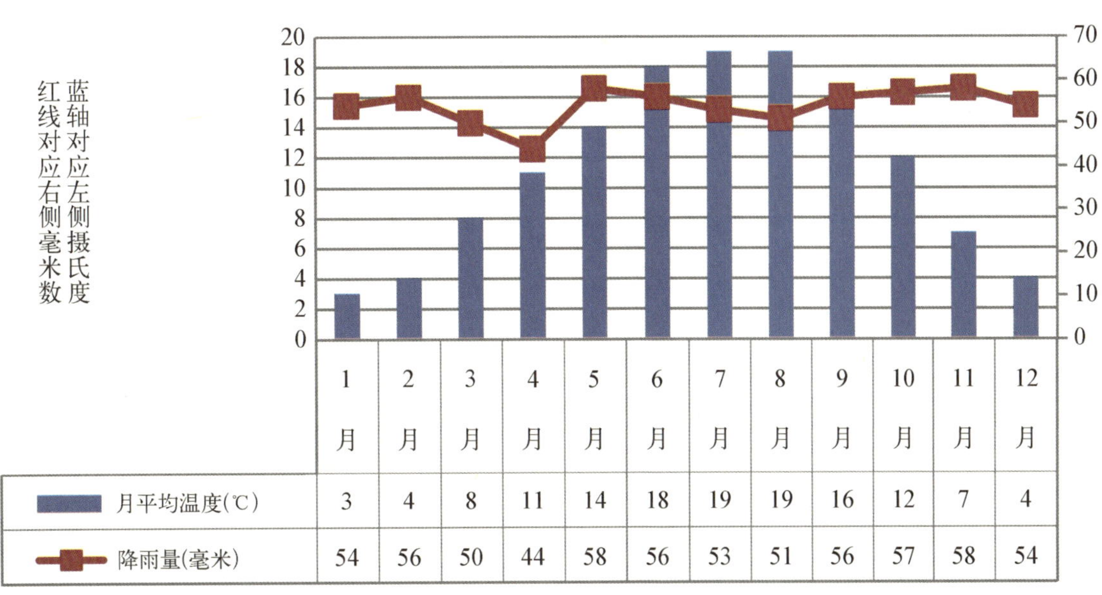


| | 1月 | 2月 | 3月 | 4月 | 5月 | 6月 | 7月 | 8月 | 9月 | 10月 | 11月 | 12月 |
|---|---|---|---|---|---|---|---|---|---|---|---|---|
| 月平均温度(℃) | 3 | 4 | 8 | 11 | 14 | 18 | 19 | 19 | 16 | 12 | 7 | 4 |
| 降雨量(毫米) | 54 | 56 | 50 | 44 | 58 | 56 | 53 | 51 | 56 | 57 | 58 | 54 |

图37　巴黎的气候概况

华人在巴黎的地位比较尴尬，这与上面说到的治安问题有很大联系。在这一点上宜居评分算是减分项。当地白人尽管也存在对外来人口不满的态度，但整体来说，还是相对欢迎有钱又不喜欢闹事的中国人。但是“华人有钱”的这一标签也导致当地犯罪分子经常把华人当作目标。如果不在错误的时间出现在错误的地方，巴黎整体还是一个比较欢迎华人的城市，但鉴于个别地区的治安问题，我们还是不能将整个巴黎定为一个“比较适宜华人居住的城市”。

**综合成本评分：★★☆☆☆**

巴黎市区以老式公寓占多数，市区公寓平均价格约为每平方米6.84万元人民币。持有500万元人民币，按照2016年底的欧元兑人民币汇率，在巴黎6区可以购买一栋保养完好、近期经过装修的一室一卫公寓，面积较小，仅为50平方米左右。巴黎二手房私人之间买卖最主要的开销就是律师的公证费，为房款的7%～10%。500万元人民币的房产购买时需要缴纳的费用为30万～50万元人民币。巴黎的地税按照街区、地段的不同，同样面积和价位的房屋可能从几百到上千欧元不等。而且巴黎当地税率的计算方式与其他很多国家不同，是按照房屋的出租价值而不是出售价值作为基数计算。上述房产，每年的地税等额外开销为1万～2万元人民币。

图38

相对其他国家，法国人对于租客的保护可以说到了有些过分的程度。巴黎的平均售租比约为38.23。尽管租金负担政府的各项税收、房屋的杂费还是可以的，但是在巴黎租房需要事事操心。所以实际上，除了在当地居住的巴黎人外，海外投资者购房出租的仍然占少数。

**短期潜力评分：★★★☆☆**

2016年尽管出现了一些波动，但巴黎房产价格的走势仍然是保持攀升的。当地房产价格在2017年的整体走势并不明朗，这与当地的政治、附近国家的政治有很大关系。一方面，法国2017年4月的大选为该国带来巨大的政治不确定性。奥朗德已经表示自己将不会考虑继续竞选。而在英国脱欧之后，支持法国也退出欧盟的玛利亚勒庞有一定的可能性当选为法国的最高领导人。在特朗普成功当选美国总统之后，这种相对偏激但特色突出的领导人在全世界可能会获得更多的支持率。英国脱欧对于法国的影响力也非常巨大。巴黎与伦敦隔海相望。如果英国脱欧真的导致企业搬离，那么巴黎可能会是一个非常好的潜在目的地。这又让巴黎房产存在上涨潜力。2016年巴黎房产整体应该说还是受到了恐怖袭击的影响。不过这种担忧情绪并不会延续太久。巴黎当地的居民收入与房价的比例与欧洲其他大城市相差不多，这一点，理论上仍然会继续支持巴黎房产价格增长。

巴黎房价在2016年涨幅约为6%，在前面讲到的法国大选、英国脱欧不出现重大影响因素的情况下，我们认为这个涨幅有能力维持。不过在大选前后，房价的短期价格可能会出现波动。

2017年，巴黎房产市场短期内最需要关注的事件就是法国的大选。而英国脱欧的进程则是排在第二位的影响因素。整体来说，只要大选不出现意外，法国继续留在欧盟当中，那

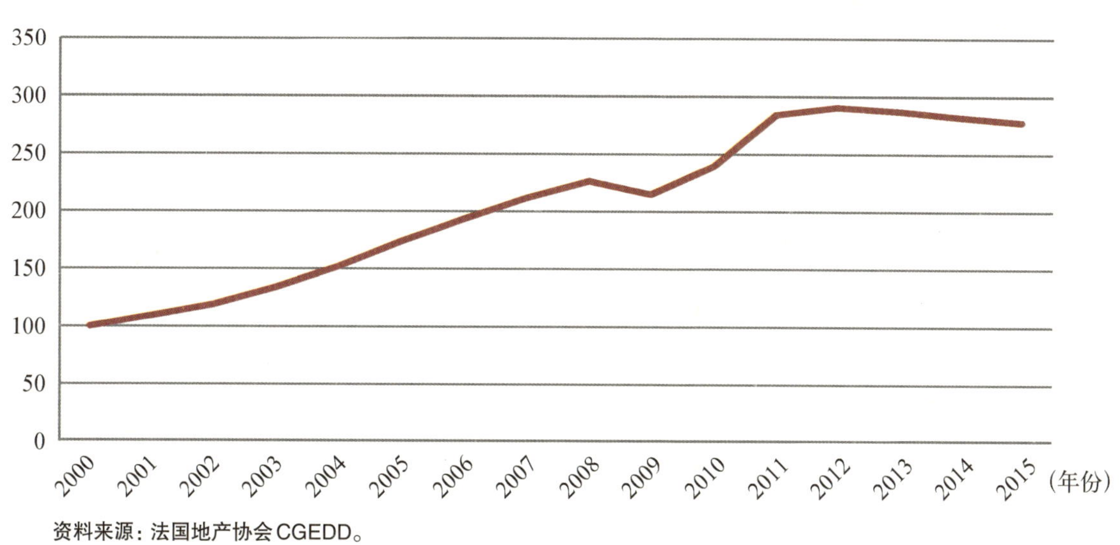


资料来源：法国地产协会CGEDD。

图39　巴黎的房价指数

么巴黎的房产就会继续稳步攀升。如果最终法国也出现政治动荡并可能在未来退出欧盟，那么整个欧洲乃至世界的局势都将会出现“多米诺骨牌效应”，到时候受到影响的可能不仅仅是巴黎的房价。

**长期稳定评分：★★★☆☆**

支撑因素一：人口基数，法语世界中心

尽管法语已经不像17、18世纪那样在全球占据统治地位，但巴黎作为法语国家中最大的城市仍然对持同类语言的人具有巨大的吸引力。巴黎市区人口约为200多万，而在整个大巴黎范围内人口达到近1 000万的水平。庞大的人口基数成为房产需求坚实、稳定的主要支撑。

支撑因素二：奢侈品、豪宅、香榭丽舍大道

目前巴黎的经济主要依赖于当地的商业和服务业。城市中的企业80%是商业、公共交通、服务业等类别；6.5%的巴黎企业从事建筑业；仅有3.8%在巴黎注册的企业从事工业生产。著名的香榭丽舍大道上化妆品、奢侈品店铺，以及当地人口加上成千上万旅游者支撑起的酒店服务业成为城市最主要的经济来源。这些因素支撑巴黎在全世界排名前五位的房价。考虑到奢侈品相对不太受长远的经济发展和社会进步的影响，我们认为只要巴黎人继续保持对流行的嗅觉，那么当地总会在全球的经济体系中占据一席之地。这将给当地房产尤其是高端房产带来相应的支撑。

风险因素：宗教、难民

法国在过去近半个世纪从殖民地独立、难民政策以及其他途径吸收了大量不同宗教、不同种族的难民和移民。这些人目前有一大部分就居住在巴黎北部近郊。人口众多的伊斯兰教移民与法国本地人的融合，尽管经过数十年仍然没有进展。很多人也把近期发生的一系列恐怖袭击归咎于法国目前的宗教和民族问题。目前来看，法国政府对此也无能为力。这一点在未来将继续成为巴黎房产市场较大的潜在风险。

### 3. 柏林：宜居评分★★★★☆

作为欧洲最大的经济体，德国一直是全世界技术型人才向往的移民目的地。当地房产市场也被普华永道评为“2016年最具潜力的欧洲房产市场”。当地政府对于房产的严格管控长期以来都是德国房产市场稳定的基石。这里不会因为有大量资金涌入而产生房价飙升，但同时也基本上避免了房产市场出现泡沫或是大幅下滑的风险。整体来说，对于不在当地居住、只求回报率的投资者来说，柏林或许并不是一个合适的投资标的。但对于未来想在德国发展并在此长期居住的人士来说，当地房产的稳定性绝对属于世界顶级水平。此外，对于大型投资机构来说，柏林的商业房产也是提供稳定租金来源的、长期可靠的投资目标，“最有潜力的房产市场”这个称号更多还是针对上述这些方面来评价的。

**宜居评分：★★★★☆**

**美世生活质量调查排名：第13名**

**Monocle生活质量调查排名：第3名**

柏林位于德国北部的低地平原地区，距离波罗的海大约100公里。这里基本是标准的北欧城市气候，相对寒冷、潮湿。1月的平均气温为−1℃，7月的平均气温为19℃。年降雨量约为570毫米。柏林附近有大量的河流和湖泊，这为当地提供了丰富的水资源。

柏林的城市规划可以算是全世界大都市的典范。德国人缜密而又注重创新的思维让城市整体的规划方式符合长远发展的需求。当地飞机场、火车站等核心建筑相对分散，但城市通过公共交通紧密连接。在市区对于私家车进行限制，但同时在郊区外部拥有不限速的高速公路来缓解城区压力。柏林在城市基础设施建设上也处于世界前列。在考虑以城市公共设施、公交系统为主的英国时尚杂志Monocle城市生活调查中，柏林名列第三位，被认为是非常适宜居住的大都会城市。

治安可能是2016年柏林人感到最为头疼的一个问题。在叙利亚难民潮涌入德国之前，当地的治安可以算是整个欧洲乃至整个西半球最好的地区之一。但在叙利亚难民涌入德国之后，人数众多的难民成为当地治安的黑洞。对此德国社会也产生了巨大的动荡，同意接受叙利亚难民的德国总理默克尔也因此受到德国部分民众的指责。整体来说，柏林长期以来的治安水平还是比较稳定的。2016年的难民问题对德国有不小的影响，但随着居民对于难民的抵触情绪越来越大，预计政府也不会一直坐视不理。

柏林华人中技术移民占的比例不小，其他的移民主要在当地经营小商业。整体来说，当地人对于华人的态度还是非常稳定的。至少相比近两年难民涌入来说，德国当地人对华

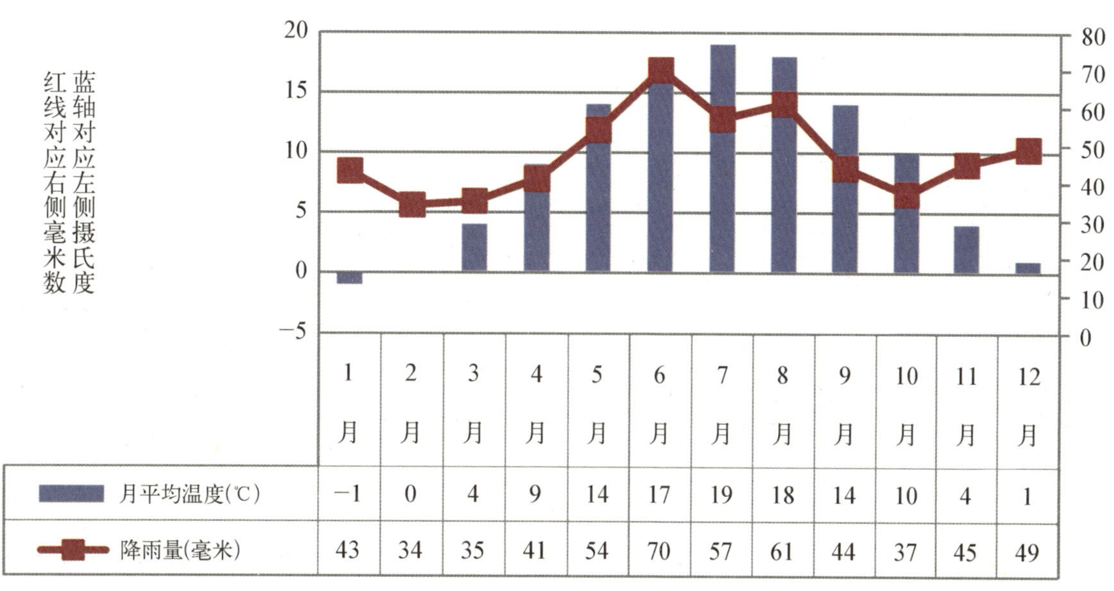


| | 1月 | 2月 | 3月 | 4月 | 5月 | 6月 | 7月 | 8月 | 9月 | 10月 | 11月 | 12月 |
|---|---|---|---|---|---|---|---|---|---|---|---|---|
| 月平均温度(℃) | −1 | 0 | 4 | 9 | 14 | 17 | 19 | 18 | 14 | 10 | 4 | 1 |
| 降雨量(毫米) | 43 | 34 | 35 | 41 | 54 | 70 | 57 | 61 | 44 | 37 | 45 | 49 |

图40　柏林的气候概况

人的威胁几乎可以忽略不计。整体来说，难民不管在任何方面都成为柏林在2016年宜居水平上最减分的一项。

**综合成本评分：★★★★☆**

柏林的房价在整个欧洲大城市中算是比较低的。柏林市区公寓平均房价约为每平方米3万元人民币。持有500万元人民币，按照2016年底的欧元兑人民币汇率，在柏林市中心可以购买一栋2014年新建的三室公寓，面积大约为120平方米。

在柏林购置房产，买方需要缴纳7.14%的含税佣金。公证费和其他登记费用大约为房价的1.5%。同时柏林当地房产转让税为6%。500万元人民币的房产购买时需要缴纳的费用约为75万元人民币。柏林除地税之外，还有公共资源费用。上述房产，每年的地税等额外开销为1万～2万元人民币。不过当地房屋还是存在巨大的差异。很多一二百年的老屋经历过第二次世界大战的动荡还是完好无损，结构坚实。但在战后50～80年代资源匮乏时期，有些房屋结构就比较薄弱，维修费用可能很高。

如果法国人对于租客的保护到了有些过分的程度，那么德国人简直视租客为上帝。柏林的平均售租比约为27.70。在缴交完柏林各种印花税、收入所得税、房屋维护费用之后，柏林的房屋出租基本上仅能保持收支平衡。海外买家在柏林买房出租并不是特别合适，当

图41

地的房产还是主要适合在柏林居住生活的人们，这一点也是德国政府制定政策的初衷。

**短期潜力评分：★★★☆☆**

柏林房价在最近两年已经开始表现出价格涨幅攀升的趋势。这可以被认为是欧洲央行大规模的量化宽松导致其他保值的资产收益下降甚至为负的结果。尽管德国房产市场本身存在很多限制炒房的因素，但本国内部的需求变化已经开始让一直保持稳定的德国房产在2015年和2016年达到接近10%的涨幅。不过从过去的房价涨幅可以看出，波动仍然存在。而且最近德国社会正在经历非常严峻的考验。曾经作为欧洲最安定的国家，在2015年末和2016年初难民潮问题出现之后，出现了很多社会问题。理论上这些都是房产市场的负面影响因素。

柏林房产价格在2016年的涨幅大约为6%。尽管存在难民等影响因素，我们认为2017年柏林保持类似的涨幅，问题不大。难民问题在2016年已经基本上充分发酵。德国政府理论上在2017年会继续整顿、尝试补救难民潮带来的影响。而德国仍然保持作为欧洲最大经济体，同时也是欧洲经济最发达的地区。这对房产会造成持续的影响。

2017年德国大选将对柏林产生巨大的影响。在2016年柏林市议会大选中，德国现任总理默克尔所在的基民盟遭受重挫。而默克尔本人将在2017年秋天准备竞争德国总理第四个任期。目前难民等问题成为这位德国三届总理最受指责的问题之一。如果默克尔和基民盟最终在大选中落败，那么新上台的不管是哪一方，都有可能大大收紧德国接纳外来人口的政策。目前还不清楚这会不会直接影响到房产市场。但可以肯定，2017年的德国大选的确存在很大的政治不确定性。尤其是在英国脱欧、特朗普当选美国总统以及意大利总理伦齐辞职等“政治不确定性风险”在2016年统统变成现实之后，德国大选预计对房产市

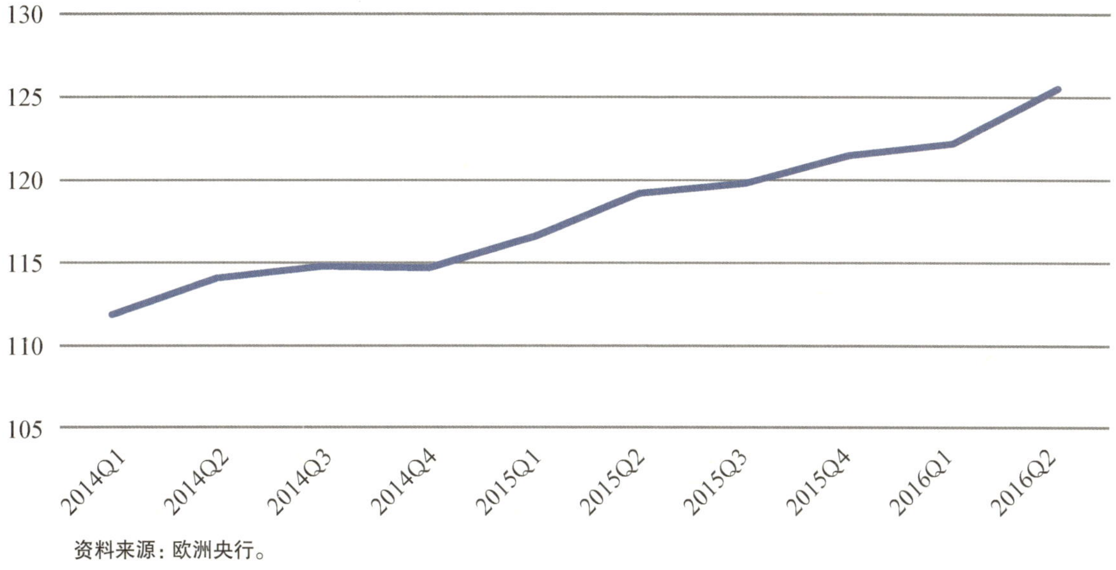


资料来源：欧洲央行。

图42 德国的房价指数

场和整个德国乃至欧洲经济都将会起到深远影响。

**长期稳定评分:★★★☆☆**

支撑因素:政治、经济稳定性

德国是目前世界上第四大经济体、欧洲第一大经济体。稳定的经济是当地市场最大的房产支撑因素之一。但与世界其他发达国家不同的是,德国政府对于房产一贯的态度是居者有其房。长期、严格限制房产投机,让德国的房价、房屋销售量和供需关系都一直保持在非常稳定的状态下。德国民众对于政府在这方面的政策非常满意,不管是目前执政的基民盟还是在野诸党派,都没有表现出要大幅改革的态度。所以至少在可预见的未来,德国房产将继续以保值为最大卖点。

风险因素一:难民问题

难民问题在目前仍然仅仅算是德国短期需要解决的难题。上千中东难民聚集科隆大教堂附近,性侵、抢劫的情况只是难民初到德国,双方都没有安定下来的突发情况。但即使德国成功安置了难民,未来在身份、工作和稳定生活等方面顺利解决了难民的问题,也难保不会出现类似法国的困境。如果说德国的房产政策是让当地长期、稳定、绝对值保持世界前列的主要因素,那么德国目前面临的难民问题则可能是未来不断拉低德国稳定性的火药桶。

风险因素二:欧盟的未来

德国作为欧盟内部最大的经济体,被很多人认为是从欧盟体制中受益最多的国家之一。德国房产自然也会多多少少分到一些实惠。但自从英国脱欧之后,欧盟2017年将迎来包括德国在内的几个主要国家大选。欧盟未来的走势已经不像几年前那么稳定。如同英国一样,我们并不能确定脱离欧盟的大市场,德国房产就不会发展得更好。但欧盟的未来对于当地房产仍然是最大的不确定因素。长期来讲,这种不确定因素不仅仅会影响价格,也会影响很多投资者对德国房产的态度。

### 4. 维也纳:宜居评分★★★★★

"音乐之都"维也纳在最近几年的世界宜居城市排行榜上一直保持领先地位。当地文化氛围浓厚的特点,使维也纳吸引了大量慕名而来的游客和移民。整体安全有序的城市生活使维也纳获得了全球各界非常高的评价。而奥地利政府近些年为了挽救经济颓势,对移民政策的网开一面,也是维也纳房产市场逐渐升温的主要原因之一。与柏林较为类似,维也纳当地2016年年末和2017年年初受到难民潮的影响,存在一些暂时性的不利因素。不过与德国不同的是,在经过最初的混乱之后,奥地利政府在接纳难民的问题上相对强硬许多。这一点使维也纳的治安等问题在难民潮安定之后有所缓解。不过作为"欧洲首都"以及前往福利更高的北欧国家的必经之路,维也纳当地仍然存在大量的流动人口。这对于当地房产短期的走势来说并不是个好消息。

宜居评分：★★★★★

经济学人宜居性调查排名：第2名

美世生活质量调查排名：第1名

Monocle生活质量调查排名：第2名

维也纳坐落在阿尔卑斯山东北麓和维也纳盆地西北部之间，多瑙河自东南向西北贯穿维也纳市中心。由于东部大陆气候和西部海洋气候的交汇影响，维也纳冬夏两季的差别较大。冬季寒冷、干燥，夏季炎热、多雨。1月的平均气温为−1℃，7月的平均气温为20℃。年降雨量约为623毫米，降雪量约为0.68米。

城市过去主要是在多瑙河南岸发展起来的，北岸的发展相对较新。这里得天独厚的地理条件使当地自古就是欧洲重要的交通咽喉要道，也使得当地历来都是兵家必争之地。不过多灾多难的历史也为城市留下了大量宝贵的文化遗产。罗马帝国和奥匈帝国统治时期，维也纳发展最为繁盛，大量宏伟的历史建筑使维也纳成为欧洲最著名的历史名城。

作为东西欧政治、经济和文化的跳板，维也纳居民的生活质量相当高，在整个欧洲可以说是居民生活质量最高、犯罪率最低的城市。当地对农业的重视也是亮点之一。维也纳16%的土地被用于种植各种蔬菜水果，而温和的气候也适合大部分蔬果生产，这使当地居民一年四季可以吃到附近生产的新鲜食品。不过据很多在维也纳居住的华人表示，维也纳当地的中餐水平不高，所以到当地居住，如果不适应西餐的话，可能需要自己下厨。

维也纳的交通状况非常不错。作为欧洲第四大城市，当地的实际交通拥堵情况并不严

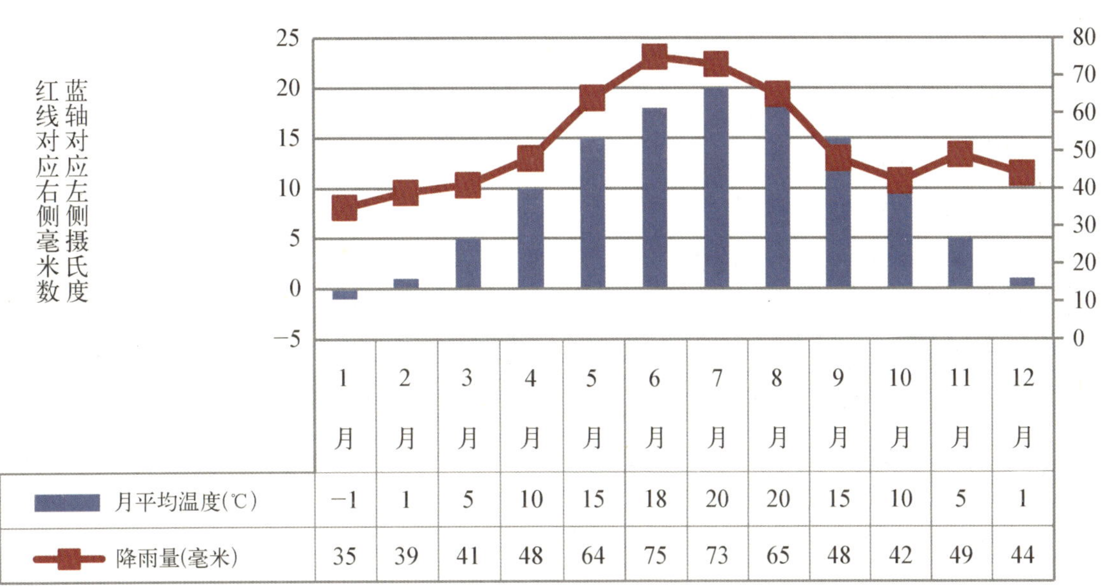


| | 1月 | 2月 | 3月 | 4月 | 5月 | 6月 | 7月 | 8月 | 9月 | 10月 | 11月 | 12月 |
|---|---|---|---|---|---|---|---|---|---|---|---|---|
| 月平均温度(℃) | −1 | 1 | 5 | 10 | 15 | 18 | 20 | 20 | 15 | 10 | 5 | 1 |
| 降雨量(毫米) | 35 | 39 | 41 | 48 | 64 | 75 | 73 | 65 | 48 | 42 | 49 | 44 |

图43　维也纳的气候概况

重。公共交通为城市缓解了不少压力。当地的教育最为出名的是音乐、文化领域。如果未来希望子女在音乐方面有一技之长,那么维也纳算是一个教育子女最适宜的居住地。

**综合成本评分:★★★☆☆**

维也纳的房产市场相对比较开放,这也成为当地房价攀升的主要原因之一。不过由于奥地利的经济发展并不像德国、法国等地那么吸引人,当地的外来人口增长并不迅速。维也纳市区公寓平均价格约为每平方米4.85万元人民币。持有500万元人民币,按照2016年底的欧元兑人民币汇率,在维也纳市中心可以购买一栋非常具有中欧风情的四室公寓,面积大约为110平方米。

在维也纳购买房产需要缴纳1% ~ 3%的法务费用。过户费大约是房款的3.5%,登记税为1%,另有中介费为1.5% ~ 2%,总计额外支出为7% ~ 10%。500万元人民币的房产购买时需要缴纳的费用为30万~ 50万元人民币。维也纳地税大约为0.225%。维持房屋最大的开销可能就是维修。老房子经常需要维护,这可能会是一笔不小的开支。

维也纳的房屋售租比为38.35,是欧洲大城市中的第三高,仅次于英国伦敦和意大利的罗马。在维也纳海外买家买房出租并不是特别合适,一方面,租金和房屋价格并不成正比;另一方面,我们前面讲到,当地的经济发展并不是特别强劲,租客数量不多,租金不高而且很难找到理想又稳定的租客。

图44

**短期潜力评分：★★★☆☆**

目前奥地利各个来源的房产统计数据差距较大，不过2015年到2016年的房价涨幅基本还是维持在5%～10%之间。房价在过去一段时间上涨趋势加剧的情况是毋庸置疑的。而在2017年，这个形势可能会出现一些变化。目前来讲，维也纳本身的房产市场已经开始呈现出供过于求或者说需求增长减缓的趋势。在这种趋势下，房价涨幅可能难以保持之前的那种涨幅。尽管维也纳仍然作为世界最宜居的城市之一吸引着投资者，但相对来说，与维也纳咫尺之隔却更加有价格优势的乡村，更符合某些海外投资者的胃口。另一方面，难民潮通常更愿意聚集在大城市，这让维也纳在叙利亚难民潮危机过后，相比奥地利乡镇城市要更加动荡一些。

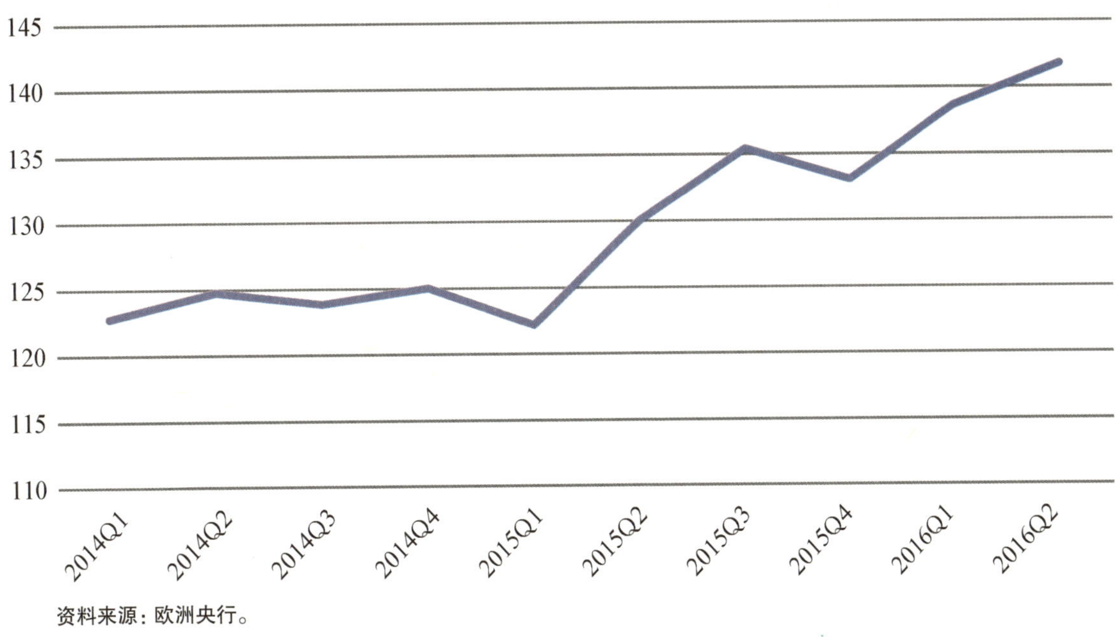


资料来源：欧洲央行。

图45　奥地利的房价指数

尽管数据相对不统一，但我们基本可以认为维也纳2016年的房价整体涨幅大约为7%。在2017年，我们认为维也纳的房价涨幅可能会以一个相对较低的水平继续增长。房价涨幅在4%上下比较符合维也纳目前的市场情况。

从2016年已知的情况来看，维也纳的房产市场本身在2017年除了自身价格与周边巨大的差别之外，没有太多可能发生的突发因素。需要警惕的实际上是其邻国的走向。例如，意大利可能会继英国之后公投退出欧盟，或至少退出欧元区，而德国、法国都将在2017年举行大选。随着美国大选在2016年曝出冷门，德、法两国的政治不确定性可能会对奥地利房产市场产生影响。尤其是德国，因为与奥地利在语言上有非常大的共通性，故对奥地利的影响尤为明显。一旦德国因为政治动荡而导致投资者和劳动力转移，那么理论上因奥地利说德语,将成为投资者最优先的选择,可能会推动维也纳房产再次攀升。

**长期稳定评分:★★★★☆**

支撑因素:宜居水平

维也纳长期以来宜居水平都排在世界前列。这本身就是一种无形的房产稳定因素。大部分前往当地居住的房产投资者看中的是维也纳的居住环境而不是投资回报率。这一点保证了当地房产市场很难出现大幅崩跌、投资者蜂拥出逃的局面。维也纳曾经被称作欧洲的中心,但目前实际上也仅仅是欧洲诸多大城市中较为不起眼的一个。当地并不特别受国际上追逐利益的炒房团关注。这对于维也纳来说,也是房产市场保持稳定的优势。

### 5. 日内瓦:宜居评分★★★★☆

瑞士整体房产的活跃程度在过去两三年内已经开始出现大幅冷却的迹象,当地移民趋势和不断增加的海外投资让日内瓦和伯尔尼等主要市场房价不断攀升。随着瑞郎"黑天鹅"事件爆发之后,瑞士的房价水平已经大大超出了当地年轻人的可负担范围。这让很多分析师和研究机构都相信瑞士的房市将会冷却。但尽管如此,在欧洲大陆整体动荡、全球经济不景气的情况下,日内瓦当地的核心房价指标仍然继续在年内保持2%左右的提升。尽管涨幅缩小,但瑞士房产在逆境中仍然表现出顽强的韧性。这从另一方面证明了,作为世界最著名的银行业国家,瑞士在房产上也表现出非常稳定的保值作用。

**宜居评分:★★★★☆**

**美世生活质量调查排名:第8名**

**Monocle生活质量调查排名:第22名**

对于宜居的评比标准很多,全球各种杂志每年都会进行多种多样的评比。日内瓦在某些评比中获得非常高的顺位,这主要是出于城市政治、经济的国际地位。对于企业家来说,日内瓦是非常舒适的居住地。当地众多的国际活动能为企业家带来大量的信息,而舒适、凉爽的山区空气则能够保证高净值投资者们头脑清晰。

日内瓦城区海拔大约为373米,四周被阿尔卑斯山围绕。当地1月的平均气温为1℃,7月的平均气温为20℃。当地年降雨量为934毫米左右。当地独特的山区地理环境让这个世界"和平之都"的人口难以与其他大都市相比。日内瓦市区的面积仅为15平方公里左右,市区人口为18万左右。不过在另一方面,四周环绕的雪山也为当地提供了独特的景观,在宜居评分上额外加分。

整体来说,日内瓦的治安还是非常不错的。不过与欧美大部分大城市相比,夜间针对游客的抢劫和盗窃活动还是在一定程度上存在。当地人口稀少,在交通方面倒是并不存在特别拥堵的情况。不过,生活消费水平偏高算是日内瓦一个不太吸引人的地方。整体来说,对于能够远程操作生意的企业家投资者来说,日内瓦是一个非常适宜居住的地方;不过,对于以工资为主要收入的居民来说,当地的物价和稀少的工作机会并不算非常友好。

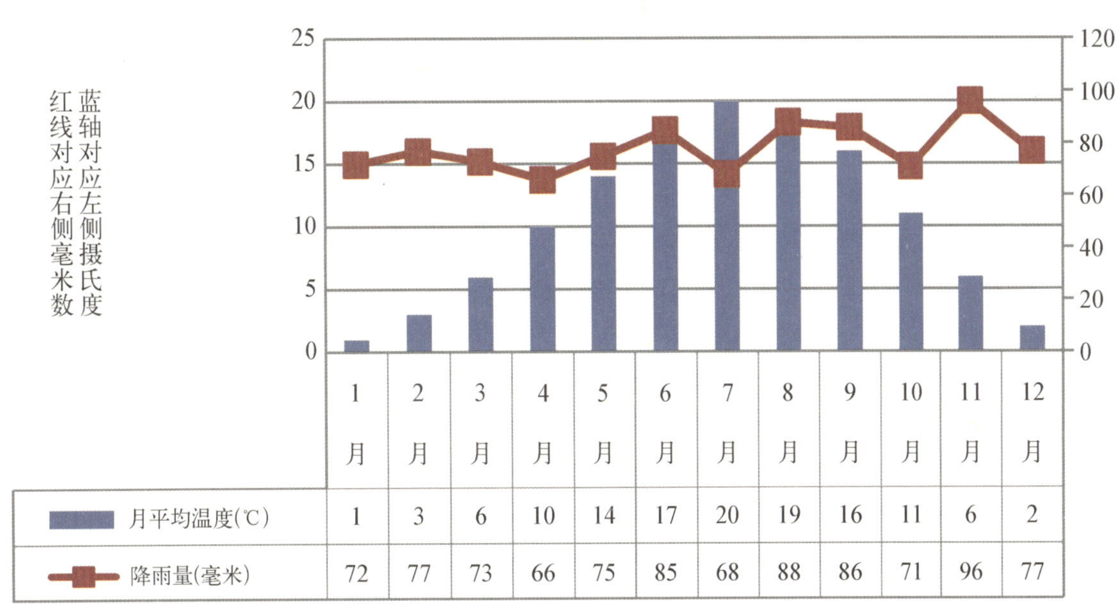


| | 1月 | 2月 | 3月 | 4月 | 5月 | 6月 | 7月 | 8月 | 9月 | 10月 | 11月 | 12月 |
|---|---|---|---|---|---|---|---|---|---|---|---|---|
| 月平均温度(℃) | 1 | 3 | 6 | 10 | 14 | 17 | 20 | 19 | 16 | 11 | 6 | 2 |
| 降雨量(毫米) | 72 | 77 | 73 | 66 | 75 | 85 | 68 | 88 | 86 | 71 | 96 | 77 |

图46　日内瓦的气候概况

**综合成本评分：★★☆☆☆**

日内瓦的房价在整个欧洲来说相对算是比较高的，由于城市规模较小，房源也相对比较紧张。当地市区公寓平均价格约为每平方米8.48万元人民币。持有500万元人民币，按

图47

照2016年底的瑞郎兑人民币汇率,在日内瓦湖畔可以购买一栋2007年建成的两室公寓楼,面积大约为70平方米。

在日内瓦购买房产需要缴纳4%左右的过户费,另外还有4%左右的中介费用。500万元人民币的房产购买时需要缴纳的费用约为40万元人民币。日内瓦的地税是按照个人净资产的高低收取的,这比较符合瑞士作为世界著名银行业国家的特征。个人拥有的房产、股票、基金等均会被考虑到征税标准中。房产的税率在0.3% ~ 0.5%之间。不过这个税率仅仅是"拥有"房屋的成本。房屋出租所获得的收入要交税,房屋升值同样要交税,可以说在这一点上,精通银行业的瑞士政府充分利用了在当地投资的国际富豪每一分的资产价值。

精通计算的瑞士人在房屋出租问题上还是给投资者留下了一些空间。日内瓦房屋售租比为31.80。尽管相对值不低,但税收的主体都是出租的收入,所以政府还是留下一部分给房东,用于房屋维护和增加自己的收入。不过当地房源稀少,能够买到适合出租的房屋不是很容易。但瑞士作为旅游度假胜地,不管是长租还是短住,寻找租客还不算太难。

**短期潜力评分:★★★☆☆**

日内瓦的房产价格在21世纪基本没有太大的波动,如果单独考虑价格走势图的话,也看不到这种趋势将会出现巨大变化的可能性。不过这一点可能会在2017年出现转折。实际上,我们在前面对几个城市的评论中已经提示过,英国、法国、德国、意大利等欧洲主要国家在2017年都将会面临不同程度的政治不确定性。而瑞士作为欧盟大市场中心的"孤岛",长期以来都受到欧洲大陆整体趋势的影响。瑞郎汇率如是,瑞士

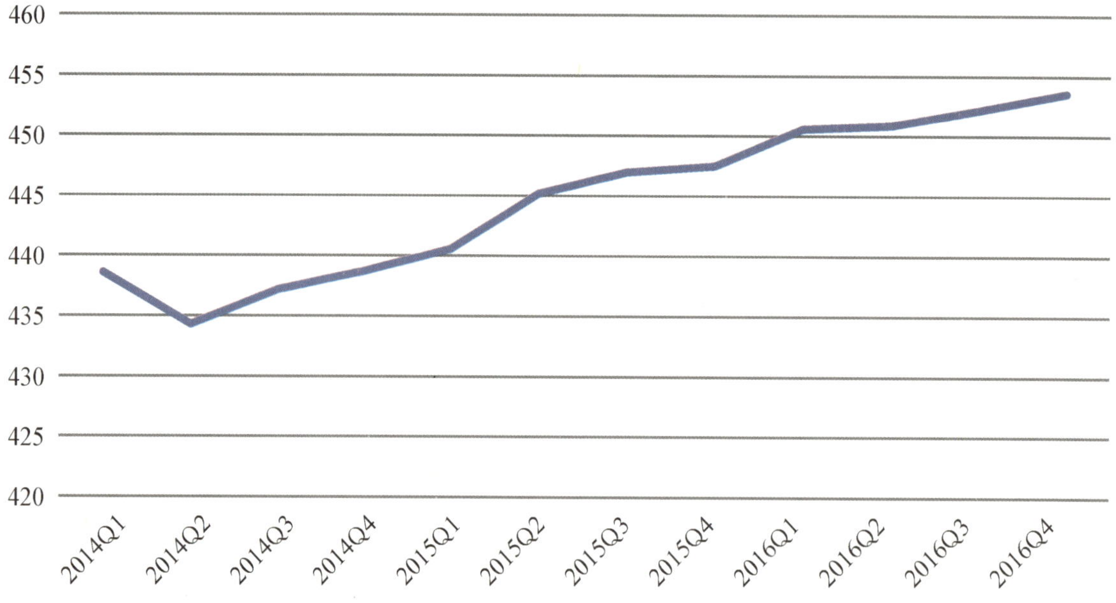


注:瑞士房价指数按照1971年为100计算,来源于瑞士中央银行。

图48 瑞士的房价指数

的房产也将会遵循类似的规则。这就表示，如果欧洲在2017年出现政治连锁反应，瑞士的房产市场可能就会面临巨大的资本流动冲击。当然，瑞士本国政府不会坐视不理。政府已经在最近两年尝试控制生活成本问题，如果房产市场出现巨大的波动，则政府出台政策干预的可能性很大。与某些国家不一样，瑞士并不缺少海外投资，政府更加倾向于控制生活成本，所以相比世界其他地区，当地政府出台政策限制海外资金投资房产的可能性更大。

日内瓦的房产价格在2016年基本没有增长。2017年如果欧洲市场保持稳定，按照目前的情况，日内瓦的房价将会继续走平。但如果我们预估的欧洲动荡局势出现，那么瑞士各主要城市都会受到冲击。但由于政府管控因素的存在，我们认为2017年的增长率也不会超过3%。

如上所述，2017年瑞士房产市场的命运掌握在邻国手中。德、法两国尤其对瑞士房产市场影响巨大。瑞士本国政府的反应速度也将是决定瑞士房产投资回报率以及入市难度的因素。

**长期稳定评分：★★★★☆**

支撑因素一：政治稳定性

瑞士过去数百年来在纷乱的欧洲一直很完美地保持了自身的领土完整和国家稳定。即使在第二次世界大战最艰难的时期，瑞士也在相当程度上保持中立和完整。在全欧洲几乎都加入欧盟的时候，瑞士人继续谨慎地选择了若即若离的态度。当地尽管没有从加入欧盟中获取利益，但同时也不会因为欧盟的一些问题而导致经济波动。瑞士人一直以古老、谨慎、缜密的银行业运营而著称。而日内瓦的房产与此类似，这是保值的象征。

支撑因素二：资产稳定性、准“避税天堂”

目前尽管瑞士并不能称为通常意义上的“避税天堂”，但当地对于外汇不设管制、客户利益至上的政策仍然让瑞士成为很多富裕阶级保存资产的绝佳选择。瑞士目前的税率对于某些行业或者特定的经济行为有一定的政策优惠，属于准“避税天堂”或者“租税胜地”的概念。相应地，日内瓦的房产也成为这些富豪关注的投资标的。瑞士人对自己的这种国际身份目前还是非常满意的。我们也认为这一点在可见的未来不会出现动荡。基于这种考量，我们认为日内瓦的房产将继续受益于瑞士避税国家的身份。

风险因素：瑞郎“黑天鹅”

自从2015年的瑞郎“黑天鹅”事件之后，瑞士的金融体系就面临着冲击。而瑞士央行对于瑞郎的控制也继续成为全世界外汇投资者的关注重点。瑞士的房产在这个问题上也受到不小的影响，随着瑞郎汇率大幅攀升，瑞士的房产成本升高，进而影响了需求。不过从长远角度看，更需要注意的是瑞士政策的转变。随着全球金融体系的不断发展，瑞士也逐渐进行了一系列的改革。那么瑞士现有的稳定资本市场未来是会继续保持还是逐渐向其他国家靠拢,这还需要进一步观察。总体上讲,我们仍然认为类似瑞郎“黑天鹅”的事件暂时是一种独立的现象。但做长远投资的时候,必须考虑这种现象会不会在未来对瑞士房产市场产生影响。

### 6. 巴塞罗那:宜居评分★★★☆☆

2016年是西班牙房产市场进入转折的一年。房价从2015年的颓势中开始回暖,而且最明显的乐观信号是当地的房屋成交量已经开始出现大幅回升。西班牙的整体经济形势目前仍然不容乐观,但政府近年来吸引海外投资的计划已经初见成效。尤其是房产市场简单、粗暴的“买房即移民”政策吸引了大量来自海外的投资者,这让西班牙房产市场逐渐活跃起来。另一方面,作为欧洲最西端的国家,西班牙过去一段时间中在叙利亚难民潮问题上受到的影响最小。当地的福利与北欧国家不可同日而语,这就导致前往西班牙的都是真正希望开展新生活的难民。他们的到来不但没有让当地的环境恶化,反而增加了大批非常有质量的劳动力。

**宜居评分:★★★☆☆**

**美世生活质量调查排名:第39名**

**Monocle生活质量调查排名:第24名**

巴塞罗那位于地中海北岸。北部是分割法国和西班牙的比利牛斯山脉。山脉的存在挡住了来自北方的寒冷空气,而温暖的海风则为巴塞罗那带来潮湿的空气。当地冬季温暖、湿润,夏季炎热、干燥。1月的平均气温为10℃,7月的平均气温为24℃。年降雨量为612毫米左右,降雨天气主要集中在秋季。当地日照充足,是世界上最好的日光浴胜地之一。

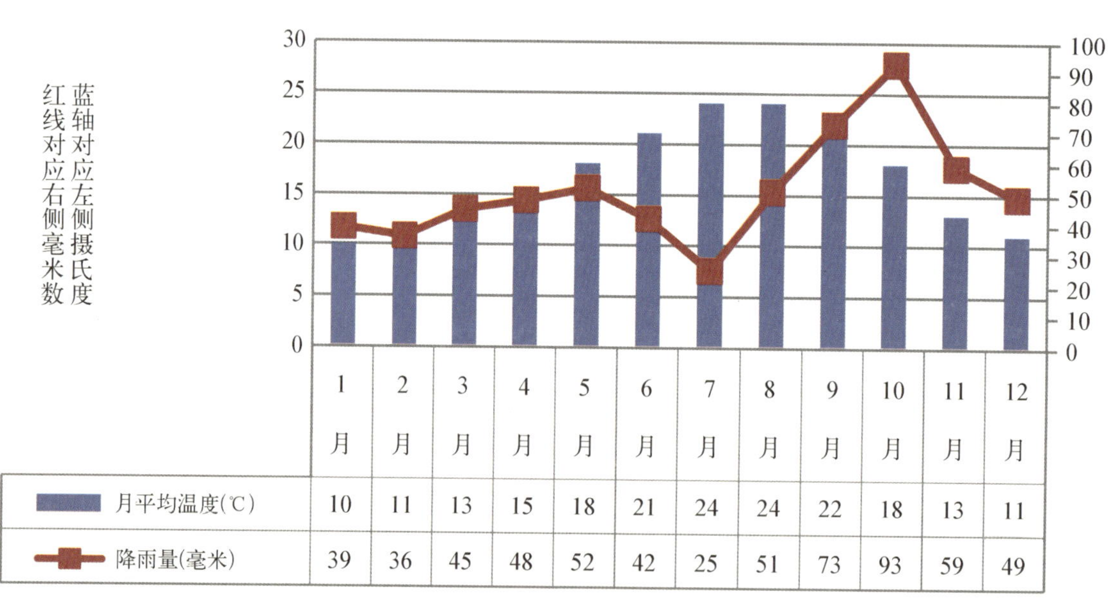


| | 1月 | 2月 | 3月 | 4月 | 5月 | 6月 | 7月 | 8月 | 9月 | 10月 | 11月 | 12月 |
|---|---|---|---|---|---|---|---|---|---|---|---|---|
| 月平均温度(℃) | 10 | 11 | 13 | 15 | 18 | 21 | 24 | 24 | 22 | 18 | 13 | 11 |
| 降雨量(毫米) | 39 | 36 | 45 | 48 | 52 | 42 | 25 | 51 | 73 | 93 | 59 | 49 |

图49 巴塞罗那的气候概况

与欧洲大部分大城市一样，巴塞罗那悠久的历史和错综复杂的城市规划让当地人开车出行并不方便，但公共交通基本上可以满足市民日常的出行。巴塞罗那整体治安不错，但是针对富人和游客的盗窃活动还是比较猖獗。这一点，其实单单考虑2016年的水平，巴塞罗那要比中欧和德国等地难民成群结队的情况好得多。

整体来说，相比其他大都会，西班牙的工作机会较少。当地华人社区的规模与在英语国家的规模也不能同日而语。虽然近些年华人数量在不断上升，但大部分仍然主要从事服务业或是经营小商铺。

**综合成本评分：★★★★☆**

巴塞罗那的房价相对欧洲其他大城市要便宜许多。当地市区公寓平均价格约为每平方米2.83万元人民币。持有500万元人民币，按照2016年底的欧元兑人民币汇率，在巴塞罗那可以购买一栋30年左右、五间卧室的公寓，面积大约为200平方米。

在巴塞罗那购买房产附加费用为8%～15%。其中包括过户费5%、附加税10%、公证费1%～2.5%，含税法律费用1%～2%。在当地买房，按照人民币500万元的水平，需要额外支付30万～70万元不等的各类税费。巴塞罗那地税大约为0.75%。不过，西班牙的政治相对动荡，税率会经常改变。巴塞罗那所在的加泰罗尼亚地区也是目前闹独立最凶的西班牙省份之一。0.75%这个税率能够保持到什么时候还不好说。

巴塞罗那市中心平均售租比约为24.64。房屋出租在这里还算是有一定的收益可图。不过，巴塞罗那政府对于不出租房屋并在当地没有其他收入的居民有很大的税收补贴。符

图50

合条件的话，地税只需要缴纳1/4。在当地出租房屋究竟是不是划算还需要居民按照自己的情况考量。

**短期潜力评分：★★★★☆**

西班牙整体的房产价格正在从一个长期的下跌趋势中恢复过来。2015年当地房价才首次出现攀升。综合来讲，西班牙在欧洲地区不管是企业投资还是创造就业都并不是非常活跃。实际上，在很多分析中，经济学家认为近年来西班牙房产市场的回暖带动了当地1/3的经济产出。当地出台的买房即可获得移民身份的政策，更是让很多来自欧盟申根条约之外的投资者考虑西班牙房产的主要原因之一。巴塞罗那作为西班牙经济最发达的地区，房产市场走势相对提前于整个市场。房产转向上涨的时间要早于西班牙的其他城市。而随着加泰罗尼亚地区要求独立的呼声增加，巴塞罗那的房产市场又增加了额外的吸引力。

巴塞罗那房价在2016年的涨幅约为7%，这已经是当地十多年来最好的成绩。如果2017年一些政治走向继续保持现状，不出现巨大的波动，当地保持现在的涨幅完全没有问题。如果2017年巴塞罗那以及附近的国家政治动荡，那么涨幅可能会更高。所以我们初步预计当地房价在2017年可能上涨8%～12%。

2017年巴塞罗那房产市场需要注意的最重要问题就是加泰罗尼亚独立运动的走向。如果按照目前加泰罗尼亚地区的独立计划来看，2017年当地有可能最终成立一个新的国家。而巴塞罗那可能从一省首府一跃变成一国首都。而从目前的加泰罗尼亚省的经济表现来看，脱离西班牙可能意味着甩掉很多包袱。世界政治局势已经很多年没有出现过类似的波动，一个富裕的省份独立成为国家，对巴塞罗那意味着什么并不确定。但从短期来讲，

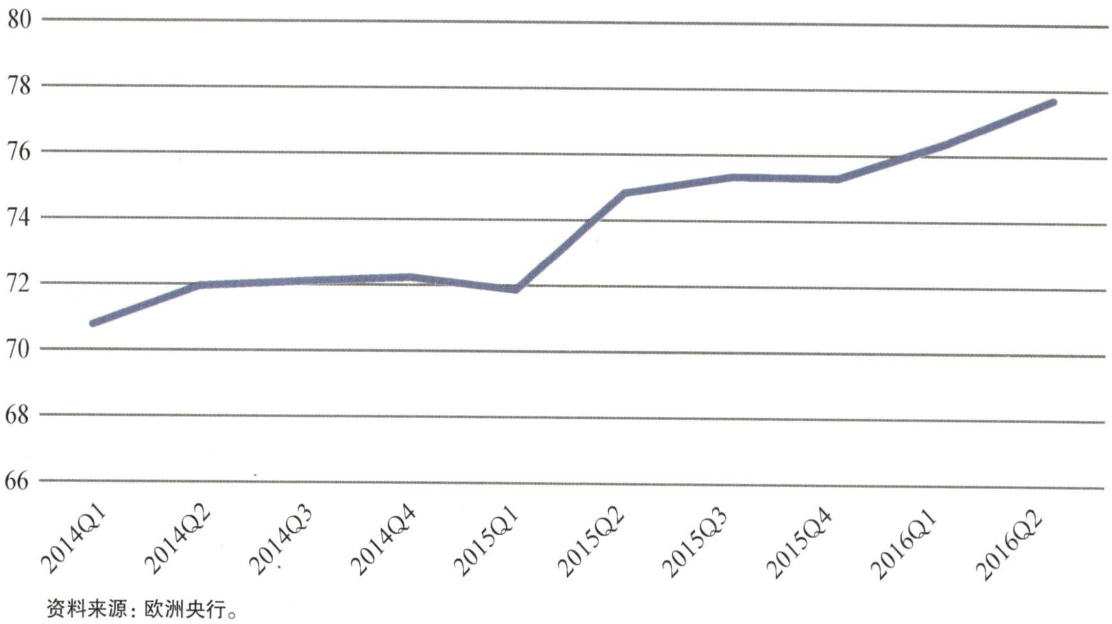


资料来源：欧洲央行。

图51　西班牙的房价指数

我们倾向于认为这将会推高当地的房价。不过类似的独立事件在全球已经有很多年没有出现了，尤其是在一个相对发达和平的国家出现省份独立将对整个西方政治局势造成一些震动。一旦加泰罗尼亚真的独立，市场可能会有一段观望期。

**长期稳定评分：★★★☆☆**

支撑因素一：经济实力

尽管西班牙整体经济实力在欧洲大国中算是相对较弱的一个，GDP也排在德、英、法、意等国之后，但巴塞罗那以及附近的加泰罗尼亚却算得上是欧洲最富裕的地区之一。当地人均GDP达到近3万欧元，相比欧盟平均水平高出15%以上。当地的商业、旅游业、制造业等行业为巴塞罗那带来就业和创造财富的机会。而就业和财富则转化成房产市场中的稳定投资。

支撑因素二：人口密度和城市地理位置

巴塞罗那是欧洲人口密度较高的城市之一。不到200万的人口聚集在山脉和地中海之间狭长的市区地带。这限制了巴塞罗那城市的发展，也保证了现有的城市房产价值会因为房源稀缺而继续稳定。

不确定因素：加泰罗尼亚独立

尽管加泰罗尼亚独立并不意味着当地经济会受到很大的打击，甚至还可能给巴塞罗那带来更多发展机会，但成立一个新的国家毕竟在政治不确定性上会产生各式各样的影响。目前独立尽管已经被很多当地人排上日程，但我们仍然将独立看作一个对房产可好可坏的不确定因素。投资当地房产需要承担一定的风险，但同时也存在很诱人的机遇。

## （四）亚洲

### 1. 新加坡：宜居评分★★★★☆

对于全球大部分高净值投资者来说，在新加坡购房置业具有很多政策上的优惠。这个位于赤道上的“弹丸小国”对海外投资者还是非常友好的。而当地无遗产税、无资本收益税这两项税收优惠让新加坡成为很多富豪的“避税天堂”。当地城市治理井井有条，人人遵纪守法，这也让新加坡在居住水平上达到世界领先水平。不过在过去的十多年中，新加坡在被大量媒体杂志评为世界上最宜居的城市和最热门的房产市场的同时，也被扣上了“最贵的房产市场”的帽子。当地政府近年来在控制房市上下的功夫也很大。新加坡房价到2016年第二季度已经连续下降11个季度。尽管仍然是亚洲最贵的房市之一，不过新加坡已经逐渐走出房市过热的困境，甚至很多机构都预测，新加坡央行可能借此机会重新放宽包括对贷款等方面的限制，让房市重新升温。在这种预期之下，新加坡的房产市场成为投资者值得关注的亚洲房产市场之一。

**宜居评分：★★★★☆**

**美世生活质量调查排名：第26名**

**Monocle生活质量调查排名：第13名**

对于不耐酷暑的投资者来说，新加坡可能并不算特别适合居住。当地纬度1°左右，受到热带气候影响，常年炎热、多雨。全年平均气温都在27℃左右，年降雨量高达2 378毫米。当地的空气质量在全亚洲算是相对不错的，不过近些年新加

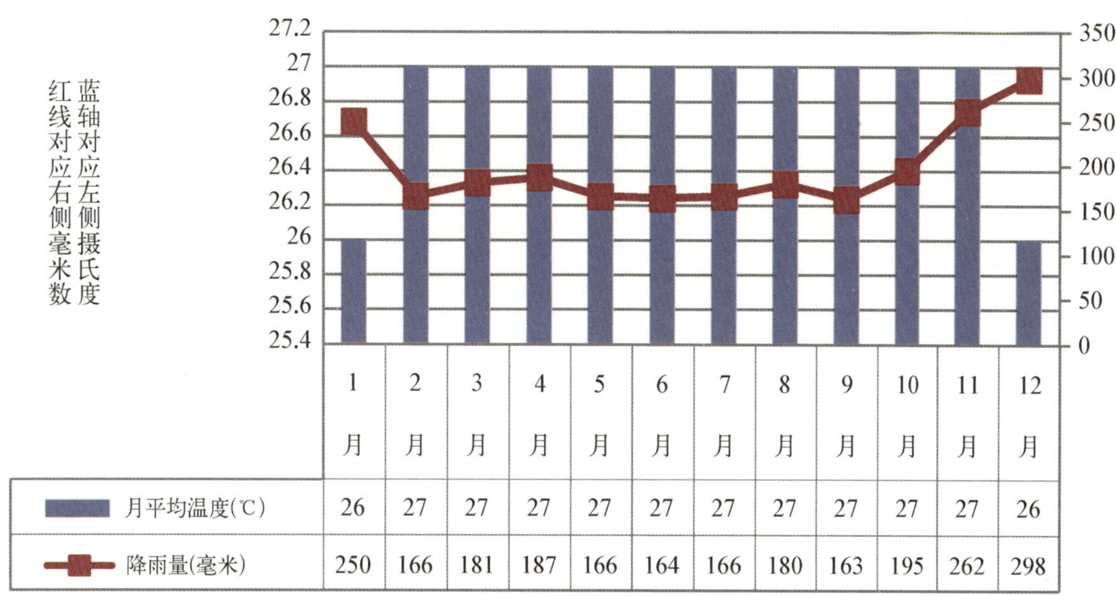


| | 1月 | 2月 | 3月 | 4月 | 5月 | 6月 | 7月 | 8月 | 9月 | 10月 | 11月 | 12月 |
|---|---|---|---|---|---|---|---|---|---|---|---|---|
| 月平均温度(℃) | 26 | 27 | 27 | 27 | 27 | 27 | 27 | 27 | 27 | 27 | 27 | 26 |
| 降雨量(毫米) | 250 | 166 | 181 | 187 | 166 | 164 | 166 | 180 | 163 | 195 | 262 | 298 |

图52　新加坡的气候概况

坡邻国印度尼西亚以及马来西亚的原油等高污染产业一定程度上降低了新加坡整体的空气质量。

新加坡的治安情况可以算是全世界数一数二的良好典范。当地法律条文繁杂而且执行力度极强。这使得当地人们本身遵纪守法的意识就非常强。在这里即使没有警察，也不会有违反交通规则等问题发生。当地的交通情况也因为人们遵守交通规则和拥堵税的征收而在全球大城市中表现得相对不错。

教育和经济活力是新加坡作为世界著名宜居城市的金字招牌之一。新加坡政府将教育列为仅次于国防的第二大政府开支部门，足见其对教育的重视。早在20世纪，新加坡就以一个“弹丸小国”的身份成为“亚洲四小龙”之一。而当地在逐渐将重工业转型为金融和贸易行业之后，更是成为亚洲精英技术人才向往的居住地。

当地宜居水平中最拉分的弱项就是城市或者说国家本身的土地稀少。作为城市国家，新加坡可供开发的土地基本已经没有太多。政府近年尝试保护仅有的几片热带雨林，同时通过填海造地扩展了一部分城市，但是这仍然不能改变新加坡缺少土地的事实。所以从长远角度来看，新加坡的城市发展已经基本达到极致。在目前的土地使用率角度，已经很难找到更大的发展空间。

**综合成本评分：**★☆☆☆☆

新加坡作为东南亚最繁华的城市之一，房价实话说还是比较实惠的，但这个实惠是与全球超一线城市等世界房价最贵的地区相比较而言的。当地市区房价高达每平方米11.1万元人民币。持有500万元人民币，按照2016年底的新元兑人民币汇率，在新加坡市中心豪华地段可以购买一栋2011年建成的一室公寓，面积大约为50平方米。

图53

在新加坡购房前，投资者需要先确认自己的购房资格，大部分带土地的独立屋和排屋是不允许海外投资者购买的。只有圣淘沙岛的别墅和排屋对海外投资者开放。而在新加坡购房，地契也分为99年、103年和999年等多种。当地也有永久居住的地契，所以这一点需要提前确认好，对于价格以及未来的投资都影响重大。当地海外投资者购房需要支付的额外费用大约为房价的18%。永久居民和新加坡公民购房的额外负担要少得多。

新加坡市中心平均售租比约为32.29。当地地税和出租税统称产业税。税收是按照房产“年值”征收的，也就是年房产能够大概租出多少钱，就按照政府估算的这个价格收税。这与很多国家按照房产的总价值收税较为不同，税率按照年值多少计算，平均为4%～6%。不管怎么收，按照年值计算的情况都会让房东有不少收益。这也是当地房产被很多海外尤其是来自中国投资者看中购买并出租的主要原因。

**短期潜力评分：★☆☆☆☆**

新加坡房产价格在过去的两年多内是保持下跌趋势的。当地房屋价格指数在2013年末达到峰值，并在之后一直保持下滑。不过目前来看，当地房价水平大约相当于2011年的标准。东南亚疲软的经济发展成为新加坡房价最大的短期价格压力。尽管当地岛国寸土寸金的状态没有改变，但在2008年之后，房价已经累计上涨了20%左右，当地房价进一步上涨的空间短期内并不大。当地最主要的房价下跌压力，除高房价本身之外，贷款成本的不断升高也让年轻人难以负担高房贷。而这种情况在2017年延续的可能

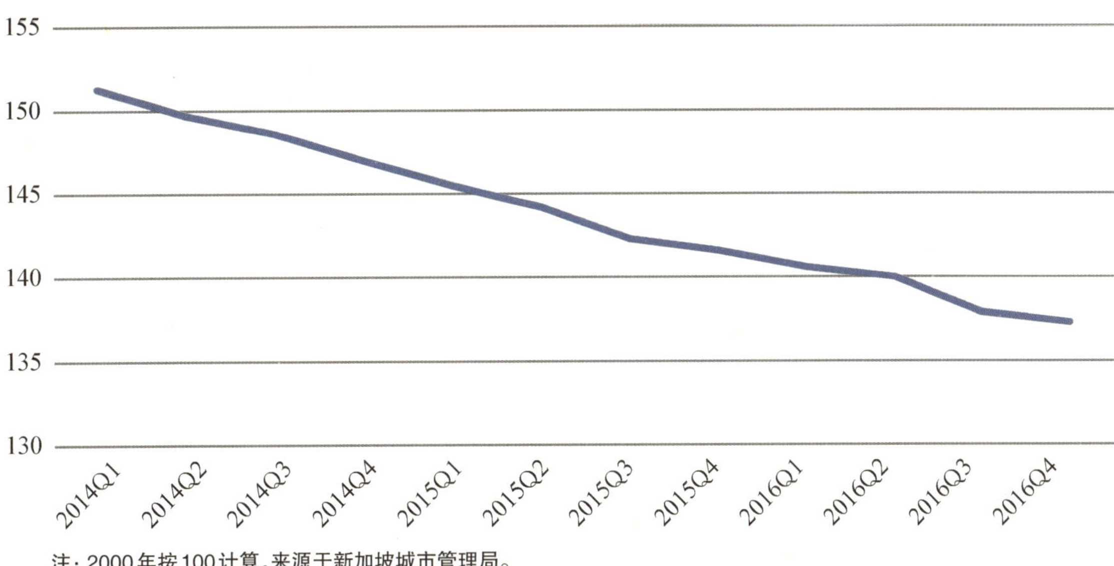


注：2000年按100计算，来源于新加坡城市管理局。

图54　新加坡的房价指数

性很大。

新加坡2016年的房价累计下跌4%左右。如果东南亚经济不出现巨大的向上增长的话，预计类似的降幅可能会延续。当地高昂的贷款成本让本地年轻人倾向于选择较远的公寓居住。不过对于持现金进入新加坡房市的投资者来说，2017年仍然是进场的良好时机。当地房价温和下滑的趋势延续时间已经很长，重新上涨的动能正在蓄力。而且出租当地房屋仍然有利可图，不考虑贷款成本，持有新加坡房产仍然很划算。

2017年可能影响房产市场的除了东南亚整体的经济走势外，TPP以及RCEP等国际贸易协定的走势可能是投资者需要关注的问题。随着特朗普当选美国总统，TPP协议可能最终会流产，但新加坡和日本仍然希望能够签署一个没有美国的TPP协议。另外，中国主导的RCEP协议也可能在2017年成为亚太地区发展的热门话题。作为东南亚的金融中心，新加坡理论上会受益于这些国际组织的发展，而当地房产也将会获得一定的提振。

**长期稳定评分：★★★★☆**

支撑因素一：避税天堂

新加坡在亚洲地区可以说是名副其实的“避税天堂”，当地不管是企业税还是个人税都相对较低，同时也不设遗产税。这些优势让新加坡这个“弹丸小岛”上兴起的城市国家迅速成为东南亚的金融中心。新加坡是高净值投资者避税的良好选择。当地受到这种情况的影响，房产即使在本国经济不景气时也能获得稳定的支撑。

支撑因素二：土地稀少

新加坡这个总面积不到720平方公里的狭小国家居住了500多万人口。在没有任何富余土地可以开发的情况下，除了进行有限的填海造地之外，新加坡房产只能在现有的空间内发展。这使得当地的房源非常有限。稀有的资源让房产市场保持紧凑的局面，成为稳定当地房产价值的地理决定因素之一。

支撑因素三：政治稳定

新加坡的法律条款明晰、严格。这就保证了当地房产市场井然有序，绝对不会出现欺诈、混乱的局面。在新加坡当地购买房产，要比在其他地方放心很多。同时政府稳定的政策走向也是新加坡房产保持稳定的重要因素之一。当地房价、房屋买卖受到政府政策变动而大幅波动的可能性相对其他国家小得多。

风险因素：地契年限

尽管新加坡的地契年限问题一般会被考虑到房价之中，甚至也有接近永久拥有的999年地契，但存在地契年限仍然是当地房产需要考虑的问题之一。尤其是一些历史已经数十年的老房和老地契。这些还剩下几十年的地契将在未来成为房产长远投资的一个问题。毕竟前往当地投资的一些人看重的是新加坡没有遗产税，但如果留给后代的房屋还有年限的话，并不能算是完美的和毫无风险的。

### 2. 东京：宜居评分★★★★☆

东京房产在2016年表现出升温的趋势，这主要可能归因于两个方面。一方面，日本政府实施的史无前例的量化宽松政策虽然从刺激经济的角度看效果可能并不好，但政策保持日本利率极低的情况，让贷款买房相对容易。另一方面，尽管日本的人口老龄化、少子化趋势使日本全国人口数减少，但实际上，大量人口的聚集让东京人口在最近几年继续稳定上升。此外，2020年奥运会主办城市已经确定是东京，日本政府在当地即将或已经进行的各种基础设施投资将会在未来不断增加东京房产的价值。不过中国投资者可能普遍对于日本的地震、海啸、核电站泄漏甚至20世纪90年代的房产泡沫记忆深刻，对于投资东京房产可能还是相对谨慎。而且相比北、上、广，东京的房屋价格涨幅实际上并不算诱人。东京房产真正诱人的地方是其出租回报率。中国大部分城市的出租回报率一般在2%以下，而这个比例在东京可以达到5%～7%。这对于追求稳定回报的中长期投资者来说更为划算，而且日本的房产具有永久所有权，如果从中长期考虑的话，东京房产还是有其吸引力的。

宜居评分：★★★★☆

美世生活质量调查排名：第44名

Monocle生活质量调查排名：第1名

东京位于日本关东平原。面朝东京湾，海湾之外就是太平洋。与日本大部分地区一样，东京受到海洋气候的影响更为明显。当地四季分明，夏季炎热、多雨，冬季寒冷、干燥。1月的平均气温为5℃，7月的平均气温为26℃。年降雨量约为1 435毫米。当地空气质量相比中国北方尚算良好，不过人口众多等原因也让PM2.5指数偶尔处于100左右的水平。

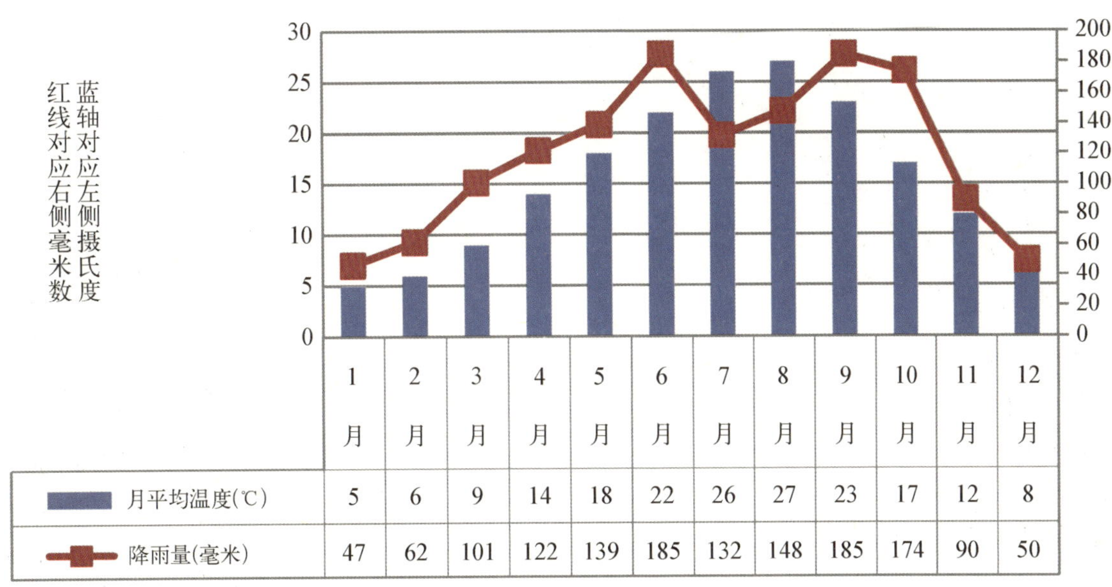


| | 1月 | 2月 | 3月 | 4月 | 5月 | 6月 | 7月 | 8月 | 9月 | 10月 | 11月 | 12月 |
|---|---|---|---|---|---|---|---|---|---|---|---|---|
| 月平均温度(℃) | 5 | 6 | 9 | 14 | 18 | 22 | 26 | 27 | 23 | 17 | 12 | 8 |
| 降雨量(毫米) | 47 | 62 | 101 | 122 | 139 | 185 | 132 | 148 | 185 | 174 | 90 | 50 |

图55　东京的气候概况

东京的交通情况可以算是亚洲国家大城市中最好的。当地充分利用空间的城市建设方式以及道路秩序的良好表现使城市道路保持非常顺畅的状态。公交系统复杂到可能会让刚到东京的人感到难以理解，但当熟悉之后，这里密集的公交、地铁线路能够大幅提高公交系统的效率。

东京的教育环境非常优秀。当地附近地区聚集着日本大部分最好的学校，这也是日本人有超过1/10居住在东京的原因之一。东京当地的治安在全世界范围内也算是非常不错的，而且日本人普遍比较有礼貌，大部分日本人没有种族歧视的倾向。东京目前有大约16万华人在此定居，华人已经成为当地外国人口最多的一个族裔。

**综合成本评分：**★☆☆☆☆

尽管经历了20世纪90年代房产泡沫的破裂，但东京都仍然是日本乃至亚洲房产价格相对较高的地区。东京都中心地区公寓价格平均达到每平方米9.86万元人民币。持有500万元人民币，按照2016年底的日元兑人民币汇率，在东京都涉谷地区可以购买一栋2016年新建的一室公寓，面积大约为40平方米。

在东京购买房产，需要缴纳4%左右的交易税。如果房屋是用于自住，这个税率可以降到3%。房屋印花税大约最高50万日元。房屋交易还要缴纳额外的销售税，这部分为5%～8%。另外还有土地登记税、房屋登记税共大约4%。500万元人民币的房产购买时需要缴纳的费用为50万～75万元人民币。日本的固定资产税和城市规划税每年都要征收，这些税费的总比例大概占房屋当年价格的1.4%，在全球各大城市中算是比较昂贵的，这也是当地持有房产花费较大的原因。加上巨额的遗产税，“富不过三代”在日本是非常普遍的现象。

东京都的平均售租比约为50，市中心售租比高达51.43。不过日本人对于租房的热衷

图56

还是非常高涨。很多家庭甚至到有了几个小孩时也仍然选择租房住。不过,鉴于东京的房价与租金不相匹配,在当地买房纯粹为了出租并不是特别理想的选择。日本房价已经连续下滑了20年之久,而国家的少子化、老龄化情况继续恶化,很多日本人对于买房并不是特别热衷。整体来讲,在东京购房出租还算收支平衡,但想要获利,难度较大。

**短期潜力评分:★★☆☆☆**

东京房产价格在过去几年一直保持相对不错的涨幅。尽管不能与20世纪末房产泡沫破裂之前的价格相比,但实际上,东京的整体房产价值还是保持温和回升的。不过,日本的经济在过去几年并没有太大起色。尽管政府实施了史无前例的、大规模的量化宽松政策,但日元在全球各种政治、经济不确定性面前,意外扮演了主要货币中最有保值功能的角色。美国大选、英国脱欧、欧盟内外混乱局面等都推高了日元汇率,这让希望日元温和贬值刺激经济的日本央行和日本政府操碎了心。不过作为日本1/10人口聚集的大城市,东京依然在房产市场上表现出一些经济复苏的初期迹象。

东京房产价格在2016年的涨幅约为2%。一些市中心的热门地区涨幅达到接近4%的水平。另外,个别地区受到城市建设改善影响,房价涨幅达到7.5%。考虑到日本政府一直在竭尽全力刺激经济,2017年当地保持现有涨幅的可能性很大。

相比欧美来说,2017年日本可能出现的政治经济突发事件几率较小。尽管日本央行和政府仍然会继续实行经济刺激政策,但随着欧洲越来越严重的政治不确定性危机以及美国方面特朗普上台后的改革,日元继续受国际避险资金推高的可能性很大。日本房屋持有成

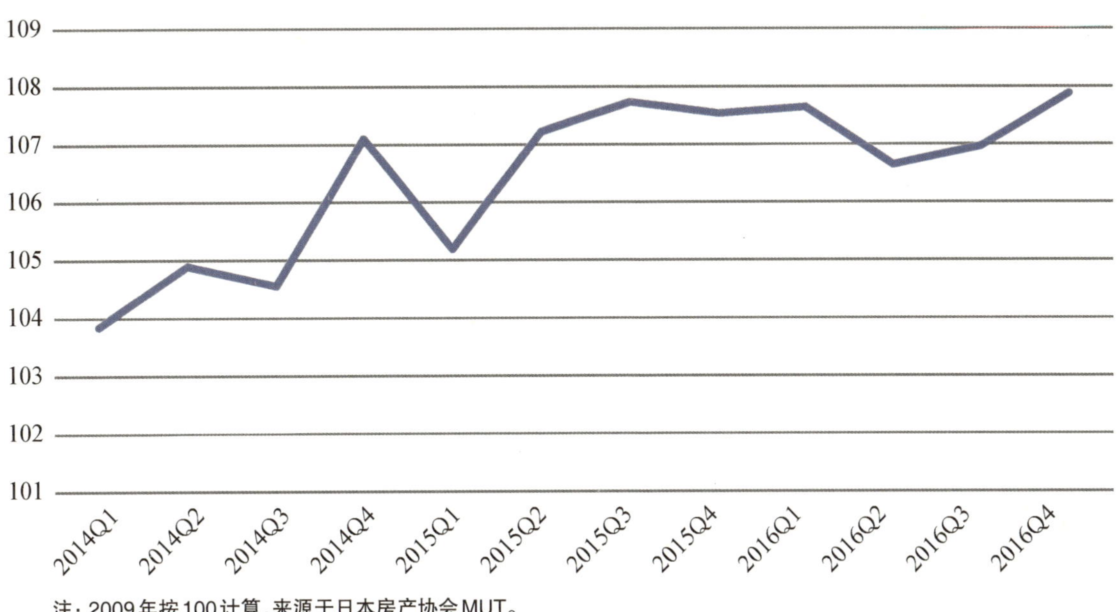


注：2009年按100计算，来源于日本房产协会MUT。

图57　日本的房价指数

本较高，这给投资当地房产的居民带来了一定的影响，不过，考虑到东京房产价值目前仍在升高，持有成本的一部分理论上会被房屋升值抵消。

**长期稳定评分：★★★☆☆**

支撑因素一：日本第一地位

东京人口占日本全国的1/10。当地是日本的政治、经济、文化和教育的绝对中心。不管是从人口基数、就业还是其他方面来看，东京都地区的房产都因为当地在日本的绝对优势地位而保持稳定。东京的确出现过20世纪90年代的房产泡沫。但排除泡沫期间的上涨和下跌，东京在长期平均价格上仍然是上涨的。即使最近十几年日本一直处在经济不景气之中，东京的房价指数仍然保持稳定上涨，这主要还是归功于整体城市规模。

支撑因素二：相对严谨的市场

东京的房产市场从律师、房产公司到个人卖家的文书准备工作可以说非常严谨。当地房产市场的透明程度和法制化程度很高，这降低了在东京投资房产的风险。同时当地完善的房产交易系统让房屋不管是转租还是转卖都非常方便。这就保证了房产转化成固定收入或者现金的流通性。

风险因素一：火山地震之国

日本是世界上著名的火山、地震灾害频发国家。1923年发生的关东大地震震央就在距离东京不远的神奈川县。而2011年日本东部海域发生的里氏9.0级地震以及其后引发的海啸带来的冲击仍然历历在目。在全世界范围内选择房产投资，很难绕过日本地震多发这一特点。所以从长远角度讲，地震频发是投资东京房产需要考量的风险之一。

风险因素二：人口老龄化、少子化

整个日本目前都面临着人口老龄化、少子化的影响。人口结构的老化可能在未来进一步给日本的经济带来负面影响。对于房产市场来说，需求面也会因为人口的减少而大大受到打击。目前日本的少子化问题已经出现改善的迹象，但是考虑到人口结构改变的缓慢程度，我们仍然将其算作东京房产市场需求未来的一个风险因素。

### 3. 首尔：宜居评分★★☆☆☆

房价涨幅较大、出租回报率比国内高、房产具有永久所有权，这些都是首尔房产在最近几年成为中国投资者青睐的投资品的主要原因之一。目前能够影响韩国房产的因素，除政治上该国“闺蜜门”的动荡之外，可能只有金正恩的核武器威胁了。不过这个威胁基本上还不算是能够给房产构成直接影响的因素。总的来说，距离中国较近的地区中，首尔以其上述优势，加上对于中国投资者来说投资相对容易的便利条件，成为中国投资者进行海外房产资产配置的首选市场之一。

**宜居评分：★★☆☆☆**

**美世生活质量调查排名：第73名**

首尔位于朝鲜半岛中部，由于地理位置与中国隔海相望，气候等各方面条件基本与同纬度的中国城市差不太多。尽管市区并不靠海，但实际上首尔距离黄海仅有数十公里距离，基本上还算是海洋性气候。当地1月的平均气温为−4℃，7月的平均气温为25℃。全年降雨量达到1 373毫米左右。首尔的空气质量在全球各大城市中也不容乐观，PM2.5的数值可能会比中国北方的城市稍微好一些，但也基本上都在100以上。

首尔的道路交通在最近几年有不少提升。但上下班高峰期拥堵也是必然现象。不过

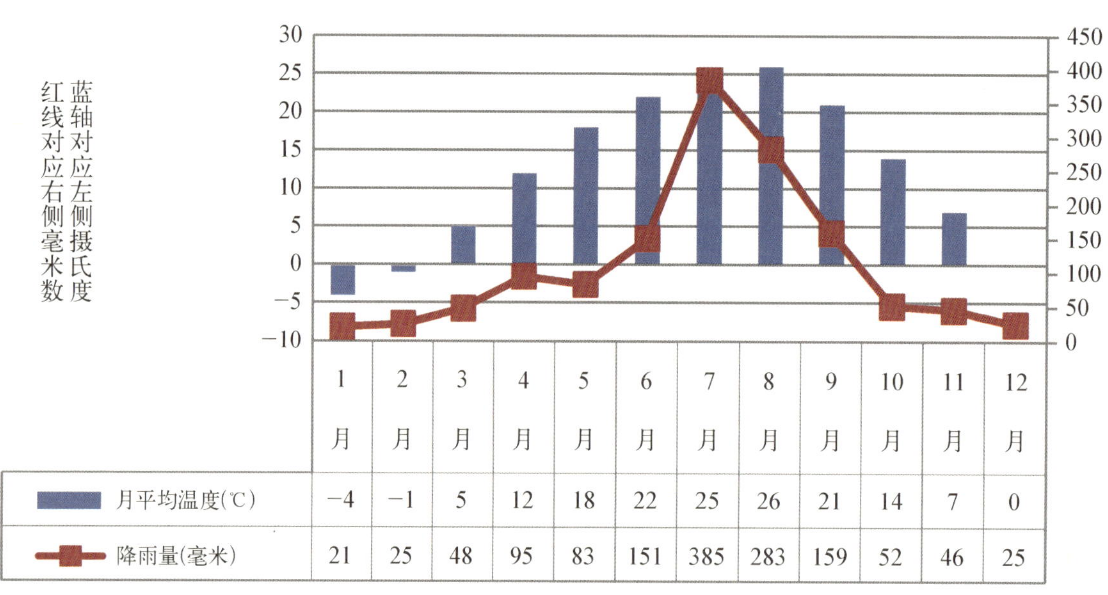


| | 1月 | 2月 | 3月 | 4月 | 5月 | 6月 | 7月 | 8月 | 9月 | 10月 | 11月 | 12月 |
|---|---|---|---|---|---|---|---|---|---|---|---|---|
| 月平均温度(℃) | −4 | −1 | 5 | 12 | 18 | 22 | 25 | 26 | 21 | 14 | 7 | 0 |
| 降雨量(毫米) | 21 | 25 | 48 | 95 | 83 | 151 | 385 | 283 | 159 | 52 | 46 | 25 |

图58 首尔的气候概况

当地的人口平均道路里程相对较多，换句话说，就是车辆和人口都不像北京、上海那么密集。韩国政府对于首都的治安格外重视，这就让首尔当地的治安水平非常之高，甚至连小偷都非常少见。另外，当地的韩国大妈非常积极关注街坊动态，成为很多"义务警察"，这让首尔在治安方面在全球范围内都算是不错的。尤其是相比欧美大城市来说，首尔当地的治安足够获得非常高的肯定。

韩国对教育的重视程度非常高，而当地经济又有高度集中的趋势，这让首尔的教育水平表现不俗。当地对于华人的态度实话说并不算友好。尽管政府在最近几十年积极尝试改善华人在韩国的地位，但是由于国家文化、政治等各方面的因素，效果并不算太好。整体来说，韩国华人在近几年一直呈现数量增长的趋势，但当地华商和真正融入社会的华人数量仍然较少，大部分留下工作的中国移民都在经营小型餐馆等饮食行业。

**综合成本评分：★★☆☆☆**

首尔作为距离中国最近、最方便华人投资的海外市场之一，房价与中国一线城市比起来还是有一定优势的。首尔市中心公寓均价大约为每平方米7.6万元人民币。持有500万元人民币，按照2016年底的韩元兑人民币汇率，在首尔Gyeonggi可以购买一栋房龄15年左右的三室大型公寓，面积大约为250平方米。

首尔的房产转让额外费用按照房价的不同有很大差别。交易税为0.15%～6%，律师费为0.25%～1%，登记费为3%，中介费为0.2%～0.9%。另外，还有教育费和印花税等。500万元人民币的房产购买时需要缴纳的费用约为30万元人民币，实际与欧美某些国家城市比起来不算太高。当地的土地持有成本为0.2%～4.5%。不过按照500万元人民币的标

图59

准,税率大概不到1%,还算是可以承受。

首尔的平均售租比约为22.9,市中心大约为32.29。但海外投资者除非是成立大型公司,否则,在首尔不允许依靠出租获得收入。而以公司名义买房,尽管被允许,但相对成本较高。现在在首尔很多买方出租的华人投资者是挂靠在当地的管理公司。尽管初期办理手续相对麻烦,但随后的维护则比较省心。当然,更多人关注首尔房产,还是看中当地的升值空间。

**短期潜力评分:★★★☆☆**

从房屋价值指数的角度来看,实际上,韩国房产自20世纪80年代开始,除在1998年亚洲金融危机中稍有下滑之外,之后一直保持着稳定的上升趋势。另外,与其他亚洲城市不同的是,首尔房产即使在韩国经济表现不错的几年中,涨幅实际上也并不算太高。这保证了当地房价继续上涨拥有持续稳定的动能。韩国拥有东亚地区主要城市中最低的房价工资水平比例,这意味着当地居民在购买力上仍然保持稳定。不过韩国的政治问题以及2016年三星等主要企业的不佳表现可能会在未来对当地的居民收入和整体经济走势带来不利影响。

韩国鉴定院的数据显示,2016年首尔房价在年初保持走平之后,夏季再次进入每周0.1%～0.2%的增长区间。2016年全年首尔房价涨幅大约为6%。预计这个涨幅在2017年可能稍有下行,但仍然有希望保持在4%上下。

2017年最需要注意的问题是韩国的政治风波。韩国总统在2016年面临的巨大质疑将让2017年韩国政坛不得安宁。而另一方面,三星旗舰手机的爆炸事件可能会继续在销售量上打击这家韩国支柱企业。经济的整体形势预计给房产带来的大部分影响都是负面的。不过负面影响的程度还达不到彻底打击当地房产的程度。更多的可能是这些负面因素会减少一些有能力买房的当地人的需求。

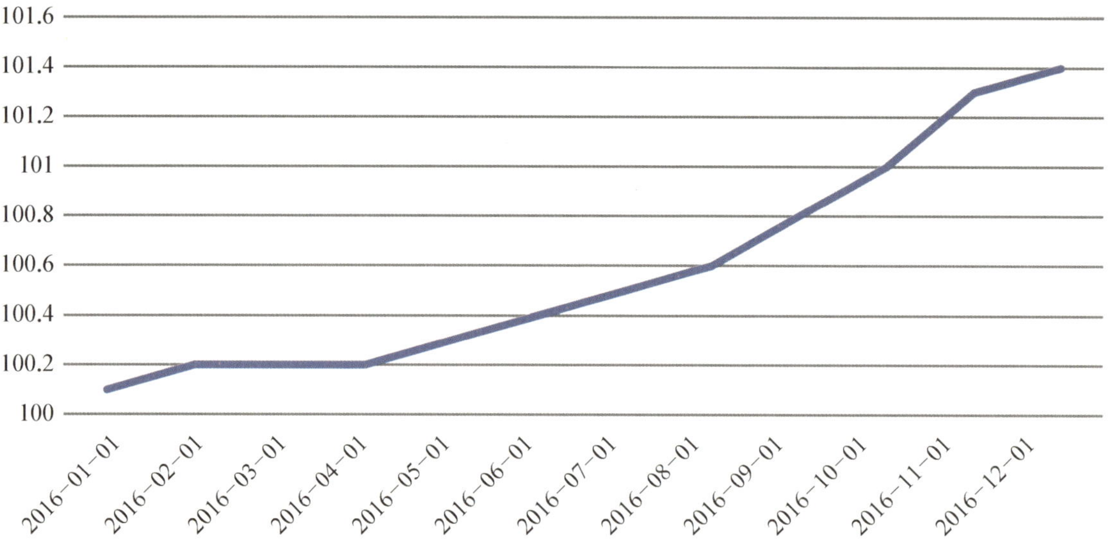


注:按照2016年初为100计算,来源于韩国国民银行。

图60　首尔的房价指数

**长期稳定评分：★★☆☆☆**

支撑因素：人口、经济高度集中的首都模式

与日本一样，韩国的人口、经济、政治和其他各方面资源在首尔高度集中，形成了全国独一无二的房产市场强力支撑。首尔的人口占韩国的大约1/5，首都圈GDP几乎占到全国GDP总值的一半。即使排除附近卫星城和乡镇，600平方公里的首尔市GDP也达到了全国的1/4左右。高度集中的人口和经济让首尔房产在韩国一直保持强劲增长。而这种集中型的发展模式也是未来房产市场需求的保证。

风险因素：半岛局势

2016年末，韩国总统的“闺蜜门”事件闹得满城风雨。不过鉴于韩国总统向来是一个“苦差事”，最终安安稳稳结束任期的没有几个，所以从历史长期的角度并不把这作为韩国最大的政治不确定因素。但朝鲜最近几年的动荡，着实使韩国房产在海外投资者眼中的印象分拉低不少。尽管东北亚地区出现大规模战争的可能性比较小，但面临离自己房产不到50公里外的朝鲜“核试”，的确难以让人心安。

## 4. 迪拜：宜居评分★☆☆☆☆

迪拜是阿拉伯联合酋长国目前人口最多的城市，这座短短数十年从沙漠中拔地而起的年轻城市，在最近几年间以其香车、富豪和摩天大楼吸引了很多中国投资者的注意。迪拜的人口已经达到400万左右，目前是动荡不安的中东相对最为稳定、经济活跃的金融和贸易中心。当地快速发展的房产让华人投资者为之心动，但对比其他已经稳定发展上百年的欧美大城市，迪拜房产对于华人来说，仍然相对是一个比较棘手的选择。不管是对其长期的可靠程度，还是对中东局势的恐惧，这些因素都成为阻碍华人投资者投资当地房产的难题。不过实际上，迪拜当地目前的常住人口中已经有上万华人先行者。有一些人是前往迪拜为挥金如土的中东老板打工，另外一些人则是瞄准了中东的石油产业到当地开拓市场。

**宜居评分：★☆☆☆☆**

**美世生活质量调查排名：第75名**

迪拜位于波斯湾沿岸，距离波斯湾的咽喉要道——霍尔木兹海峡不到200公里。当地沙漠气候实在不能称作一个自然环境上适宜人类居住的地方。常年干燥、炎热，1月的平均气温为19℃，7月的平均气温为34℃，极端气温经常达到40℃以上。同时由于属于沙漠气候，年降雨量只有可怜的81毫米。

迪拜之所以吸引人前往，最主要甚至可以说仅有的亮点就是当地政府的基础设施建设和撒钱式的政策。迪拜政府对于城市的建设极尽奢华。道路、港口、医院、图书馆等基础设施都是世界顶尖水平。当地对于海外技术人才也是非常欢迎，薪金水平也非常丰厚。不过，即使在迪拜年薪上百万，也并不会在当地过得很好。实际上，迪拜的大部分“消费者”都是身价上亿的石油国王子或者外国企业主，当地的工资水平虽高，但是生活开销其实相

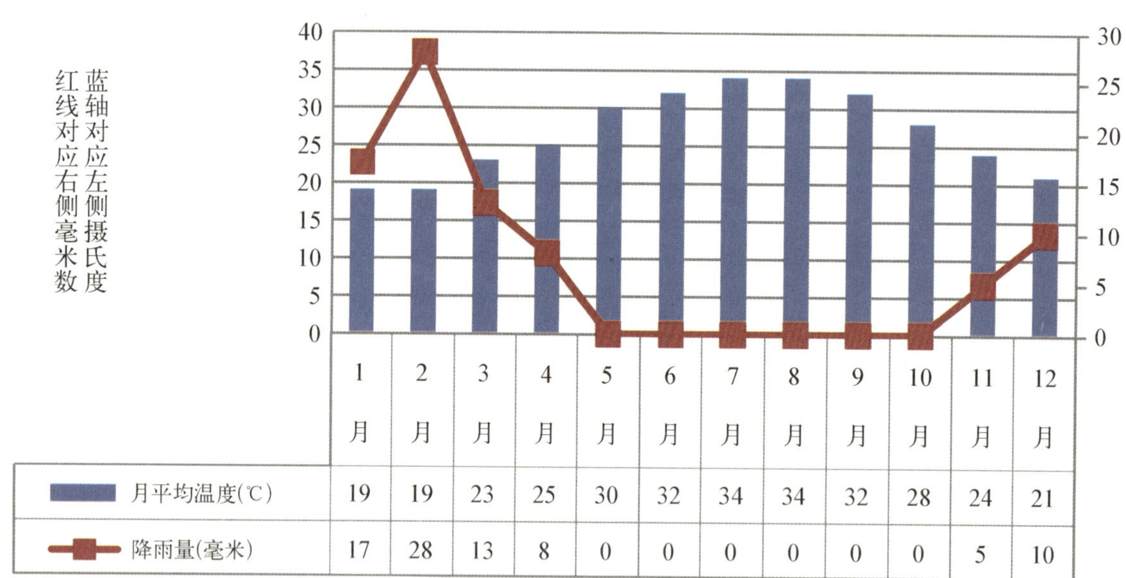


| | 1月 | 2月 | 3月 | 4月 | 5月 | 6月 | 7月 | 8月 | 9月 | 10月 | 11月 | 12月 |
|---|---|---|---|---|---|---|---|---|---|---|---|---|
| 月平均温度(℃) | 19 | 19 | 23 | 25 | 30 | 32 | 34 | 34 | 32 | 28 | 24 | 21 |
| 降雨量(毫米) | 17 | 28 | 13 | 8 | 0 | 0 | 0 | 0 | 0 | 0 | 5 | 10 |

图61　迪拜的气候概况

对更加昂贵。

迪拜的中国主要常驻人口除了技术工人和金融服务人员外，其他大部分都是靠贸易相关工作谋生。不过当地并没有什么可以享用的中餐，能够获得的蔬菜和水果也非常稀少。同时，尽管迪拜人对于中国人没有什么歧视态度，但穆斯林严格的生活戒律还是需要前往当地的华人注意。总的来说，尽管迪拜在房产重要程度上值得关注，但是当地的宜居水平在全世界可选的城市中比起来的确不高。

**综合成本评分：★★★☆☆**

作为年轻的新兴沙漠明珠城市，尽管大街上遍布亿万富翁，但迪拜的房价与欧美大城市以及中国一线城市相比还有一定的差距。迪拜市中心公寓平均价格约为每平方米3.3万元人民币。持有500万元人民币，按照2016年底的阿联酋迪拉姆兑人民币汇率，在迪拜可以购买一栋2011年建成的三室公寓，面积大约为200平方米。

阿联酋基本上是一个无税国家，沙漠中的石油养着整个国家，很多政策甚至是政府向国民“发钱”。不过在迪拜购房仍然需要缴纳大约3%的房产注册税。500万元人民币的房产购买时需要缴纳的费用约为15万元人民币。迪拜没有地税，但如果在当地购房出租，需要缴纳租金的5%给政府作为房屋租赁税。

迪拜的平均售租比仅为8.52左右，市中心售租比也仅仅是10.03。考虑到当地没有地税的情况，单纯从售租比的角度，在迪拜买房出租可谓是稳赚不赔。但实际情况是，尽管当地的确租房市场非常火热，但租金收入并不稳定，很多在迪拜租房工作的都是海外人士，偶尔会存在人间蒸发不见踪影的情况，而且迪拜当地想要找个靠谱的经纪公司帮您管理是不太可行的。基本上租房、收房租这件事必须亲力亲为。整体来说，与所有投资品一样，收益

图62

较高代表风险较大。在迪拜买房出租就是这样，投资者需要自己考虑好风险。

**短期潜力评分：★★★☆☆**

迪拜的房产价格在过去两年中，随着原油价格经历了一个相对的低谷。房价在2014年和2015年原油价格大幅下滑时，曾经一度出现下跌的局面。不过在2016年下半年，随着国际油价企稳、OPEC决定减产等对原油利好的消息传出之后，迪拜的房价也出现了2017年重新反弹回升的迹象。阿联酋或者说整个中东的财富完全取决于原油，之前在油价下跌的时候，迪拜的房产曾经经历了高达两位数的价格下跌。但随着油价企稳，曾经在过去两年中等待机会的买家重新开始出手，当地很多分析机构都认为，这可能意味着迪拜房价走势的拐点已经到来。

迪拜整体房产在2016年实际还是下跌的，相对跌幅在5%～10%之间。不过价格已经在下半年出现环比上涨的迹象。我们认为在迪拜这种波动较大的新兴市场，2017年随着油价回暖，房价涨幅重新回到正向5%～10%是完全有可能的。

2017年迪拜房产市场需要关注的最主要问题就是国际原油价格。尽管中东局势可能也会出现一些波动，但富裕的阿联酋理论上并不会受到太多类似问题的影响。原油价格如果稳定回暖，预计迪拜的房产也会重新回到快速上涨的区间。当然从现在全球产油国勾心斗角的情况来看，原油能否稳定回升仍然不是一件可以百分之百确定的事情。

**长期稳定评分：★☆☆☆☆**

支撑因素＆风险因素一：中东石油王国

中东的酋长国王们是“富得流油”这个词最直观、最贴切的实例。而迪拜作为服务酋长们利益的城市建设起来的时候,就受到整个中东石油产出国的支撑。不管是当地政策还是当地的房屋需求,都受到中东地区富豪挥金如土生活方式的支持。我们当然知道石油不可能永远作为人类最主要的能源被使用下去,但按照目前的发展方式,人类在短期内还是脱离不了对石油的依赖。而中东作为世界上石油开采成本最低的地区,也必然会继续从中受益。迪拜作为新兴城市其房产会有一定的水分和大幅的波动。但只要中东石油大亨们继续在当地保持投资,工作机会、外资就不会停止对迪拜房产的支持。这一点同时在未来也将会是迪拜的死穴,一旦原油不再受到国际市场的重视,当地沙漠、高温的居住环境以及中东缺乏其他工业的情况就将会让这颗“沙漠明珠”被沙子淹没。

风险因素二:过度依靠投资,缺乏人口支持和经济活动

尽管阿联酋本身是一个非常富裕的国家,但是迪拜作为城市来说,仍然是一个缺少常住人口、缺少稳定经济的半成品。很大一部分在迪拜工作的居民都是海外劳工。他们看中的是迪拜较高的薪水,很少有人会对这个沙漠中的城市产生定居、生儿育女的念头。长期来讲,这种趋势对于城市房产需求极为不利。

# （五）大洋洲

## 1. 悉尼：宜居评分★★★★★

澳洲最大的城市2016年经历了房产市场的一轮动荡，5月房价出现下滑时，很多人曾经认为，悉尼的房产泡沫终于要开始破裂了。但实际上，在度过短暂的波动之后，悉尼的房产在下半年澳洲进入春夏两季的时候重新开始回暖。尽管如此，以警示风险为主的投资研究机构分析师们仍然认为，悉尼的房产市场目前处在比较危险的境地。不过这改变不了悉尼仍然是中国投资者非常热衷的海外房产投资市场之一的事实。

**宜居评分：★★★★★**

**经济学人宜居性调查排名：第7名**

**美世生活质量调查排名：第10名**

**Monocle生活质量调查排名：第5名**

悉尼位于澳大利亚东南端海岸线上，属于亚热带海洋性气候。当地由于位于南半球，冬夏两季与北半球大部分城市是相反的，所以对于想要冬季避寒、夏季避暑的人来说，澳洲是非常不错的选择。悉尼1月的平均气温为22℃，7月的平均气温为12℃。年降雨量约为1 309毫米。

悉尼的交通情况并不是能为“宜居”加分的领域。实际上，被称为南半球“堵”城的悉尼，即使放在全世界来看，也不能算是交通状况良好的地区。外来人口数量的激增、本国人口流动、城市受水道分割都为悉尼城带来更多交通拥堵的麻烦。而市政府近期为了舒缓交通而进行的轻轨等工程建设反而更

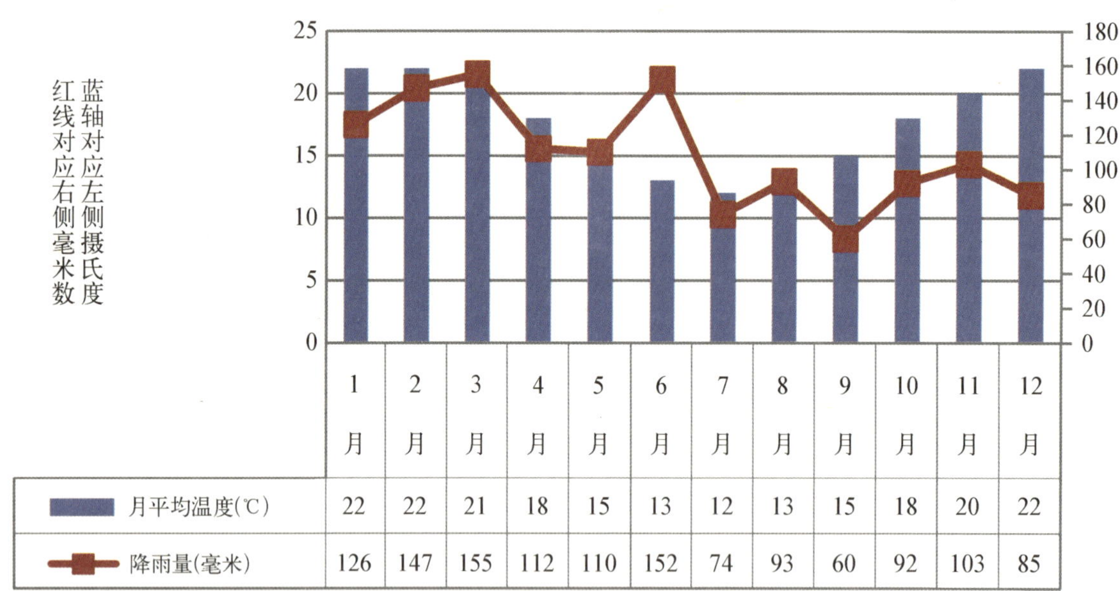


| | 1月 | 2月 | 3月 | 4月 | 5月 | 6月 | 7月 | 8月 | 9月 | 10月 | 11月 | 12月 |
|---|---|---|---|---|---|---|---|---|---|---|---|---|
| 月平均温度(℃) | 22 | 22 | 21 | 18 | 15 | 13 | 12 | 13 | 15 | 18 | 20 | 22 |
| 降雨量(毫米) | 126 | 147 | 155 | 112 | 110 | 152 | 74 | 93 | 60 | 92 | 103 | 85 |

图63　悉尼的气候概况

加恶化了城市交通。悉尼的治安并不算全世界发达国家中最好的,很多人将这一点归咎于澳大利亚曾经作为囚犯流放地的历史和当地人整体较为狂放的性格。实际上,当地大部分富人区的治安还是相对不错的,只有在城市偏僻的地区晚间可能并不适合步行出门。

悉尼的华人人口目前大约为30万,已经成为当地最大的非白人少数民族族裔。澳洲20世纪70年代废除白澳政策之后,当地华人在政治、经济、文化领域的地位不断地提高,目前已经是澳大利亚最重要的社会群体之一。悉尼当地的中餐馆、华人超市数量和质量都绝对不输给华人社区最为发达的美国和加拿大。

**综合成本评分:**★★☆☆☆

悉尼的房价在最近几年涨幅较大,目前在全世界大城市中位于中上游水平。悉尼市区公寓平均房价约为每平方米6.36万元人民币。持有500万元人民币,按照2016年底的澳元兑人民币汇率,在悉尼市中心可以购买一栋2013年新建的两室公寓,面积大约为90平方米。

悉尼的房产印花税按照价格从1.25%～7%不等,海外买家在整个新南威尔士州购买房产要缴纳4%的额外印花税,澳大利亚政府也向100万澳元以上的房屋征收海外买家申请费,每100万澳元征收1万澳元。同时从2017年起,海外买家持有房产每年还要额外缴纳0.75%的地税。悉尼当地律师费为房款的1%～2%,另有2%～2.5%的中介费。500万元人民币的房产购买时需要缴纳的费用为40万～60万元人民币。悉尼的自住房没有地税,考虑到上面0.75%的海外投资者地税,当地的房屋持有成本仍然不算太高。

悉尼的平均售租比约为23.75,市中心售租比为22.12。当地市中心售租比要比市郊高,也就是说,越靠近市中心的房屋出租收益越高。因此,按照悉尼目前的房租水平,在当

图64

地购房出租是非常划算的一件事。出租房屋需要缴纳一定的租赁税，但仍然远低于悉尼房租。所以整体来说，在悉尼购房不管是追求增值还是追求出租，获得稳定收入都有利可图。不过澳大利亚政府近期收紧了对海外投资者贷款的限制。同时对海外投资者投资第二套房进行严格的管控，这一点可能算是一个无形增加的成本。

**短期潜力评分：★★★★☆**

尽管澳大利亚各级政府非常努力地尝试控制当地的房价，但悉尼2016年房产价格涨幅仍然达到了两位数，这从另一个角度体现了澳洲房产市场目前火热的需求。海外买家的资金流入固然是一方面因素，但澳洲本身利率偏低、经济疲软以及房价的持续上涨都是让投资者继续进入房产市场的驱动因素。尽管悉尼在大洋洲仍然是房价最高、房价收入比例最高的城市，但实际上，悉尼的房产在价格和其他方面相比国际上其他大城市仍然更有吸引力。这进一步增加了当地吸引海外房产投资者的能力。不过也有分析师指出，澳洲西部城市的房产价格已经开始回落，这意味着同样的情况将会发生在东岸城市。另外一个重要因素是，悉尼目前房屋库存已经开始呈现不足的情况，销售量逐渐减少，这将会从另一方面降低当地房产价格继续走高的空间。

悉尼房产在2016年的涨幅基本在9%～11%之间。很多分析师预计，如果澳大利亚最大的贸易伙伴——中国在2017年继续经济增速放缓，那么澳洲央行可能会考虑将利率降至创纪录的2%以下。这将进一步刺激当地房产市场。不过按照澳洲政府对于房产泡沫的

资料来源：澳大利亚统计局。

图65 悉尼的房价指数

防范态度来看，即使新的因素让悉尼房产继续攀升，涨幅维持在15%以下的几率也非常大。而在较低区间，如果悉尼房产市场继续受到不利因素的打压，而澳洲央行也没有降息，那么悉尼房产出现6%～8%相对温和增长的可能性较大。

2017年悉尼房产市场需要注意的因素主要是澳洲央行的利率政策以及悉尼当地政府对房产的管控。在2016年再次出台多项控制海外资金进入当地房市重磅措施之后，悉尼当地政府理论上将会继续保持对房价的控制。但我们从澳洲过去一段时间对房价的管控政策可以看出，政府主要打击的是大量海外资金进入当地的投机行为，对于澳洲本地居民以及自住或做长期投资的人来说，悉尼房产潜力仍在。

**长期稳定评分：★★★★☆**

支撑因素一：人口基数及经济规模

悉尼拥有澳大利亚乃至整个大洋洲最大的城市经济规模、城市人口，而悉尼港也是整个澳洲大陆最大、最重要的港口。这些客观因素直接导致了悉尼房产市场价格标准相比澳洲其他地区高出许多。澳洲地广人稀，悉尼是少有的大城市生活选择居住地，当地人口的自身增长加上附近地区外来人口的吸引保证了房产市场的稳定需求。而经济和工作机会则继续支撑当地的房价。从目前澳洲的整体环境来看，能够挑战悉尼第一大城市身份的除了墨尔本之外基本上没有其他选择。这奠定了悉尼作为澳洲房产市场佼佼者的基础。

支撑因素二：南半球、海外资金

悉尼是世界上少有的南半球发达国家城市。在北半球大部分地区天寒地冻的时候，悉尼人正享受温暖的夏日阳光。当地连圣诞节都是在海边度过的。这种南、北半球季节差异使悉尼成为很多海外资金购买度假屋的目标区域。海外资金在目前的悉尼市场占据相当

的比例。而当地宜居的环境以及与北半球大部分发达国家相反的季节，将在未来继续保证悉尼受到来自美国、中国和欧洲高净值投资者的青睐。

风险因素：政府对海外资金的管控

澳大利亚当地政府对于近几年大幅上涨的房价有些担忧。当地目前银行利率处于历史最低水平；经济疲软让政府不得不降息刺激投资，但同时降低了当地房屋抵押贷款利率；澳元在最近几年随着大宗商品疲软而汇率下降。上述几种情况大大刺激了海外资金进入澳洲房产市场的兴趣。从最近两年的情况看，澳洲政府并不希望海外资金对于悉尼房产产生太大的推动。政府出台了一系列政策打压房价，限制海外人士贷款和买房。较为激进的政策干预影响了房产本身的走势，同时管控也增加了悉尼房产市场下滑的风险。如果未来几年国际形势发生转变，澳元走强以及海外资金因政策而离开澳洲，房产市场可能会出现一些比较大的波动。

### 2. 墨尔本：宜居评分★★★★★

墨尔本在2016年继续占据全球数个“世界宜居城市排行榜”的榜首位置。当地平和的文化氛围、舒适宜人的自然气候都让这座南半球城市被全世界房产投资者追捧。这也是为什么当地在2015年前后出台房产市场限制政策，但房价却仍然继续稳定攀升的原因之一。相比澳洲第一大城市悉尼来说，墨尔本的发展更偏向文化、艺术和商业。墨尔本目前整体房价水平仍然低于悉尼。同一国家、地理位置差不多的两个城市之间，墨尔本以其更为著名的宜居水平和更加低廉的价格继续吸引着投资者。这也是当地在2016年保持成为南半球最吸引人的房产市场的原因之一。

**宜居评分：★★★★★**

**经济学人宜居性调查排名：第1名**

**美世生活质量调查排名：第15名**

**Monocle生活质量调查排名：第4名**

墨尔本基本位于澳洲大陆的最南端，尽管南面有塔斯马尼亚岛阻挡，但与南极之间再没有其他障碍物。当地的气候比较温和，夏季不那么炎热。墨尔本1月的平均气温为20℃，7月的平均气温为9℃。年降雨量为666毫米左右。整体来说，当地气候相对干燥，气温又不极端，常年都可以户外活动。

墨尔本市区拥堵的情况与悉尼基本上是难兄难弟，在这一点上，两个城市都存在巨大的问题。墨尔本城区功能性高度集中，上下班高峰时期，大量人流全集中在市中心地区。这让当地交通在特定时段基本上不管是公车还是私家车都寸步难行。即使乘坐铁路交通，拥挤的车厢也并不非常舒适。当地的治安情况整体并不算特别良好。在更重视“自由”的世界宜居评比中，墨尔本的犯罪率并不影响整体水平。但从华人投资者、留学生的角度看，前往澳洲城市，的确是需要提高对治安的警觉性的。这里可能有大量非常友好的市民，但

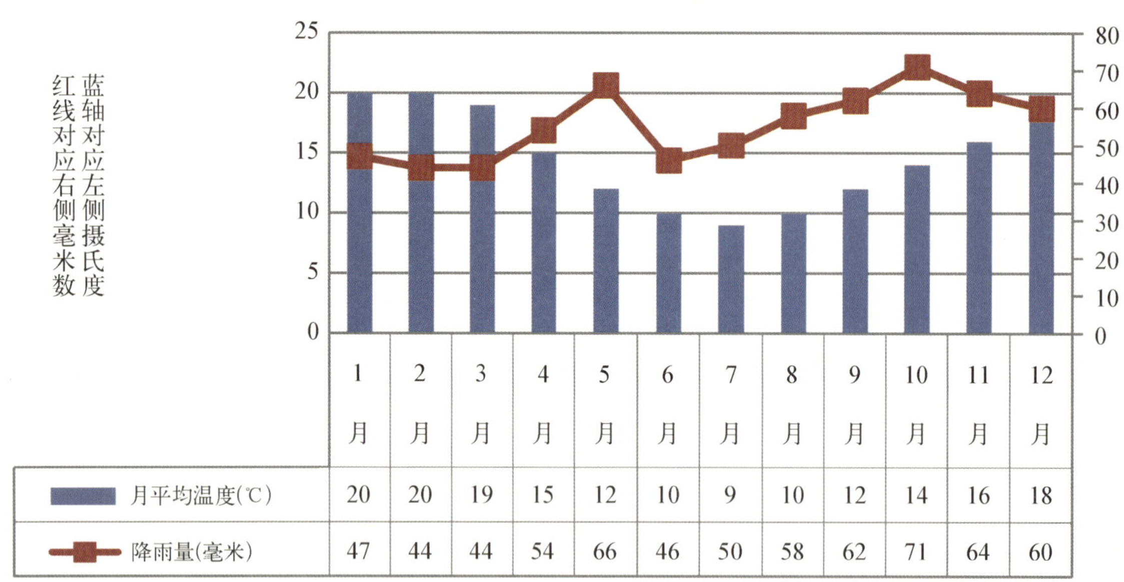


| | 1月 | 2月 | 3月 | 4月 | 5月 | 6月 | 7月 | 8月 | 9月 | 10月 | 11月 | 12月 |
|---|---|---|---|---|---|---|---|---|---|---|---|---|
| 月平均温度(℃) | 20 | 20 | 19 | 15 | 12 | 10 | 9 | 10 | 12 | 14 | 16 | 18 |
| 降雨量(毫米) | 47 | 44 | 44 | 54 | 66 | 46 | 50 | 58 | 62 | 71 | 64 | 60 |

图66　墨尔本的气候概况

同时也的的确确存在个别较为危险的罪犯。

墨尔本华人常住人口比例达到10%左右,但实际上,近年来随着大量的留学生以及陪读家长的涌入,当地的流动华人人口甚至有超过常住华人人口的趋势。有调查指出,墨尔本地区华人留学生多达数十万人,这个数据来源并不可靠,但从澳洲教育部全国将近70万中国留学生的情况看,说墨尔本留学生数十万也不算夸大。当地庞大的华人社区带来中餐馆和华人超市非常兴旺发达的局面。这对于华人房产投资者来说,也是非常便利的条件之一。

**综合成本评分:★★★☆☆**

墨尔本尽管在世界宜居指数上排名靠前,但房价却比同为澳洲城市的悉尼要低一些。墨尔本市中心公寓平均价格约为每平方米3.7万元人民币。持有500万元人民币,按照2016年底的澳元兑人民币汇率,在墨尔本市中心可以购买一栋2016年新建的两室公寓,面积大约为130平方米。

墨尔本的房产印花税按照价格从1.4%～5.5%不等,目前除了联邦对100万澳元以上房屋的额外收费之外,墨尔本所在的维多利亚州对海外买家征收双倍印花税。墨尔本当地的律师费为房款的1%～2%,另有2%～2.5%的中介费。500万元人民币的房产购买时需要缴纳的费用为40万～60万元人民币。自住房免地税,而出租用房需要交0.3%的地税,相对来说,与欧美很多城市比起来还是很低。

墨尔本的平均售租比约为22.54,市中心售租比为20.52。当地市中心售租比要比市郊高,也就是说,越靠近市中心的房屋出租收益越高。这与全球很多城市相比有很大的不同。与悉尼类似,当地房租水平不但可以负担地税等开支,甚至可以应付贷款。这也是墨尔本房价在政府严管之下仍然在2016年保持10%左右涨幅的主要原因。

图67

**短期潜力评分：★★★★☆**

墨尔本的房产价格在过去两年中基本上保持了与悉尼并驾齐驱的走势。当地尽管在世界宜居排名上超过悉尼，但在经济发展和劳动力市场规模上略逊一筹。另一方面，墨尔本尽管房价水平比悉尼稍微低一些，但是当地房价与工资比例较悉尼更低。这表示当地居民仍然有相对更高的能力消费当地房产。这就意味着在需求出现改变、政府政策影响供需

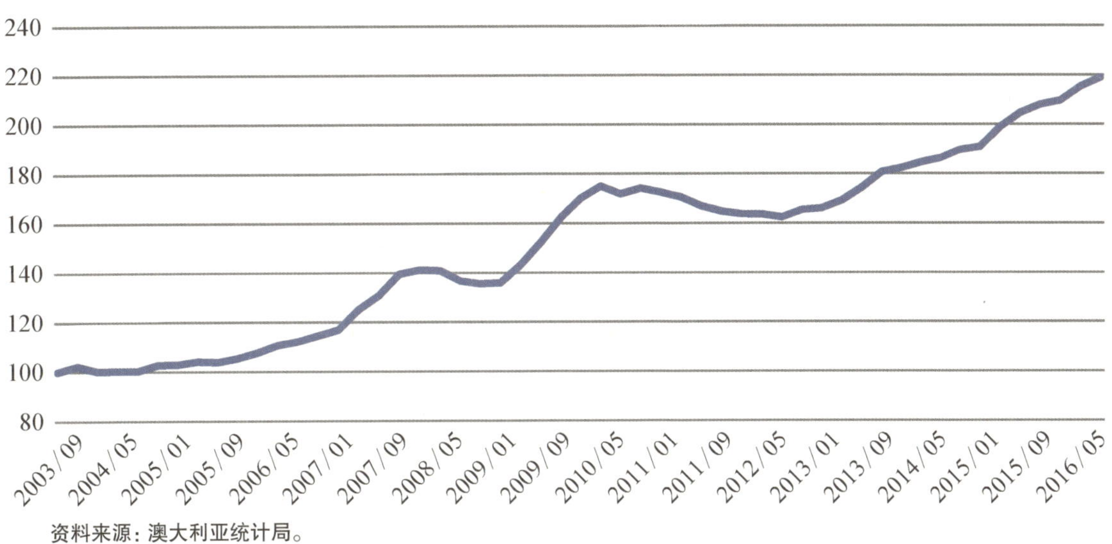


资料来源：澳大利亚统计局。

图68　墨尔本的房价指数

关系的情况下,墨尔本相比悉尼有更好的抗压能力。一个非常重要的数据是,悉尼房产在2016年的销售量同比下滑16%,而墨尔本仅下滑4%左右。这说明相比悉尼来说,墨尔本对于价格回落的韧性更强。

墨尔本房价在2016年涨幅大约为9%。按照目前的走势,2017年保持在10%附近涨幅的可能性很大。尽管当地房产市场与悉尼一样处于相对动荡的时期,但预计上下波动幅度将不会超过5%。

2017年墨尔本房产市场需要考虑的问题主要是当地政府对房价的管控政策。目前,随着世界几个主要的房产热门市场——悉尼以及温哥华纷纷对房价大涨作出反应,墨尔本实施的印花税等新政将继续发挥作用。

**长期稳定评分:★★★★☆**

支撑因素一:世界最宜居的城市

墨尔本已经连续数年被评为世界最宜居的城市。当地远离世界绝大部分天灾多发区、政治火药桶和是非之地。气候温和且终年阳光明媚。同时,作为澳洲文化之都,在墨尔本的生活丰富多彩。整体来说,墨尔本作为世界最宜居的城市,本身就是一种对房产市场最为稳定的保障。这类宜居城市即使在全球经济最不景气的时候,也会因避险情绪而使房价获得支撑。而在全球经济向好的时候,也总有高净值投资者愿意选择此地作为度假和安顿家人的宝地。

支撑因素二:可负担性

墨尔本当地的工资房价比例相比房价偏高的悉尼要低得多。当地整体工资相对平均,中产阶级人数众多。房价在最近几年的增长并没有超出工资增长水平太多。这保证了墨尔本当地居民对房屋的负担能力,同时也保证了当地房产市场继续稳定发展的空间。

部分风险因素:楼花、公寓供应

墨尔本与悉尼类似,在过去两年内受到海外资金的冲击,房价的涨幅超过历史平均水平。尽管涨幅最大的仍然是包含土地的独立屋,但公寓的价格也随着整体市场火热而上涨。目前的问题在于,墨尔本尽管有一些河流分隔市区,但当地城市外围有大量的土地可供建设。目前当地的在建公寓数量已经大大超过往年水平,预计两三年内房源数量将会继续大幅攀升。尽管对于一座400万人口的城市来说,消化一些房源还不会导致整体市场崩盘,但随着房产市场相对冷却,对公寓市场的支撑可能不足以保证价格继续攀升。这部分风险主要是针对墨尔本个别类型的房产市场,投资者需要保持一定的警惕。

### 3. 惠灵顿:宜居评分★★★★☆

惠灵顿是新西兰第二大城市,也是该国政治、文化的中心。尽管在1865年新西兰将首都从北部的奥克兰迁往位于中部的惠灵顿,但挪走政治中心的结果并没有影响到奥克兰作

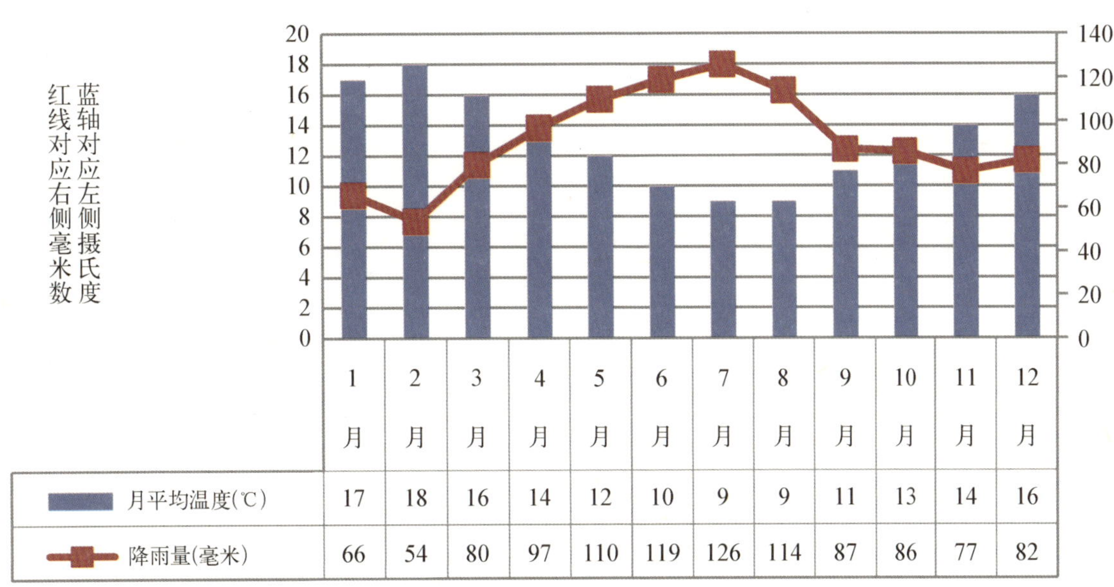


| | 1月 | 2月 | 3月 | 4月 | 5月 | 6月 | 7月 | 8月 | 9月 | 10月 | 11月 | 12月 |
|---|---|---|---|---|---|---|---|---|---|---|---|---|
| 月平均温度(℃) | 17 | 18 | 16 | 14 | 12 | 10 | 9 | 9 | 11 | 13 | 14 | 16 |
| 降雨量(毫米) | 66 | 54 | 80 | 97 | 110 | 119 | 126 | 114 | 87 | 86 | 77 | 82 |

图69　惠灵顿的气候概况

为新西兰最繁荣城市的情况。当地工业、商业的发展仍然超过首都惠灵顿。甚至很多飞往新西兰的国际航班在两个城市之间，仍然更愿意选择奥克兰作为终点站。但2016年的形势让惠灵顿稍微占据优势，超过奥克兰。整体来讲，新西兰的房产尤其是新西兰受海外投资者关注的房产主要还是集中在奥克兰和惠灵顿之间。不过在奥克兰房产市场相对过热的情况下，惠灵顿以其相对便宜的价格和更为优越的租赁回报率逐渐占据了市场最亮眼的位置。新西兰国土面积不大，这种微妙的差距也使大量的投资者逐渐南下首都，开始对惠灵顿房产的追逐。

**宜居评分：★★★★☆**

**美世生活质量调查排名：第12名**

新西兰作为岛国，整个国土面积也不过27万平方公里左右。所以尽管存在《指环王》中中土大陆那种多样化的风景，但新西兰包括惠灵顿在内的大部分地区还是受海洋性气候的影响较大。惠灵顿当地1月的平均气温为17℃，7月的平均气温为9℃。年降雨量为1 098毫米左右。南纬41° 的高纬度让惠灵顿成为世界最靠南的首都城市。这里也因为靠近40° 强风区而成为世界上最多风的首都之一。

惠灵顿的城市人口仅有40万左右。不过近年来人口激增让当地的交通情况开始恶化。市政府近期也意识到了这一问题，并开始对包括城市环线等项目在内的基础设施进行建设。短期内，惠灵顿的交通状况在全球大城市中并不算最好，但是鉴于发现问题较早，政府仍然有时间对城市结构进行调整。新西兰岛国相对人口流动少，治安较澳洲和欧洲、北美要好得多。这一点上，惠灵顿比起其他城市来说，是可以获得加分的。

惠灵顿当地的华人人口大约为1.5万，这一点上，当地的华人社区发展不如华人人口已经达到11万的奥克兰。这也成为华人投资者到当地投资买房的障碍之一。不过人口较少的局面正在改善,尤其是在房产开始吸引更多华人投资者的情况下,新西兰的政治首都正在获得更多华人商家和投资者的注意。

**综合成本评分:★★★★☆**

新西兰人口相对稀少,尤其南部地区更是地广人稀。相比北部的奥克兰,惠灵顿拥有更多独立屋房源,公寓相对较少。当地市中心有限的公寓平均价格大约为每平方米2万元人民币。持有500万元人民币,按照2016年底的新元兑人民币汇率,在惠灵顿市中心可以购买一栋保养良好、面朝海湾的三室独立屋,面积大约为130平方米,土地面积为500平方米。

在新西兰购房主要的额外开支是中介费,占房款的3.5%～4%。除此之外,当地尽管也对海外投资者有所管控,但管控的方向基本是房屋出售之后的资产回报。500万元人民币的房产购买时需要缴纳的额外费用约为20万元人民币。惠灵顿地税目前大约为0.3%,相比美国和欧洲城市来说相当低。

惠灵顿的平均售租比约为18.24,市中心售租比为20.55。对于在惠灵顿买房出租的人来说,租金负担开支一直不是难题,难题在于如何找到稳定、合适的租客。当地人口相对流动较少,能找到一个租客一直居住不是特别容易。随着近些年北部第一大城市——奥克兰的房价飙升,一些人开始前往惠灵顿居住,这可能会在未来为当地租房市场带来一些活跃气氛。不过整体来说,在惠灵顿买房出租从纯数据的角度讲,还是有稳定收入的。

图70

**短期潜力评分：★★★★☆**

位于人口相对稀少的中部地区，惠灵顿的房产价格在最近两年的涨幅一直是落后于北部第一大城市奥克兰的。但当地房产相对潜力并不落后于奥克兰。房价整体涨幅过去两三年一直保持在5%～10%之间。当地人口相对稀少，不过越来越多的奥克兰居民因为难以负担当地高房价而前往惠灵顿的情况让当地房产市场理论上继续处于上升期。新西兰除来自海外资金的压力之外，受到其他国家政治、经济的影响相对较小，所以房产走势保持稳定的前景良好。需要注意的是该国本身的一些地理问题。2016年新西兰的多起地震理论上将会在海外投资者心中留下一个"该国多地震"的印象。原本作为世界上最大的岛国之一，新西兰的地震历史就很悠久，不过2016年的多起地震可能会阻止一部分近期才对新西兰有所了解的海外移民。这个国家人口相对较少，移民或者人口流动对于房产的影响很大。如果移民数量减少，可能对当地房产市场会产生一些负面影响。

惠灵顿2016年房价涨幅大约为8%。如果不出现新的重大影响因素，我们认为这个涨幅在2017年可能会增加到10%以上。考虑到奥克兰房价在过去两年中曾经创造出15%甚至更高的涨幅，处于上升期的惠灵顿涨幅可能更高。

2017年惠灵顿房产市场需要警惕的影响因素首先是当地政府对于海外投资者的态度。在隔壁澳洲政府开始限制海外买家购房之后，新西兰政府也多次表现出类似的意图。不过新西兰中部和南部地区人口稀少，理论上对房价上涨的担忧可能会被希望更多移民前来的憧憬所掩盖。整体来说，政府出台政策大幅打压房价的风险并不是很高。

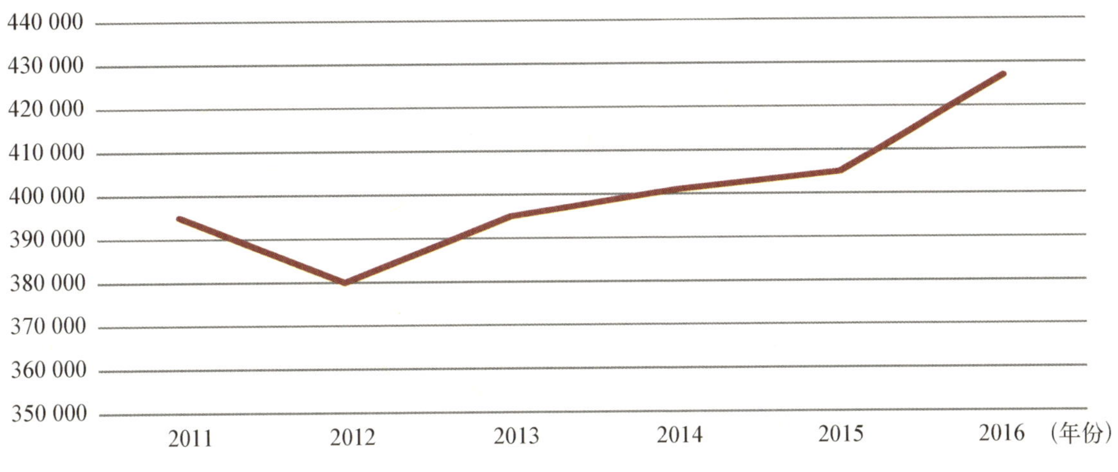


资料来源：新西兰地产局ENZ。

图71　惠灵顿的基准房价

**长期稳定评分：★★★☆☆**

支撑因素：新西兰国内人口流动

新西兰尽管面积并不算大，但作为与世界其他繁华地区相对较远的岛国，很多地区仍然保持着地广人稀、缺少劳动力的局面。过去新西兰主要的人口都聚集在气候较为温暖的北岛奥克兰地区。但目前人口过于密集、房价过高已经让奥克兰的很多人口开始向南移动。而位于南北岛中间的惠灵顿成为人口流动的主要目的地之一。在未来一段时间内，新西兰当地的人口流动将继续支撑惠灵顿房价上涨。比起奥克兰来说，当地长期发展潜力和稳定性都要更大一些。

风险因素一：地震

新西兰处于太平洋南段地震带附近。当地地震多发的情况与日本类似。在这一点上，投资当地房产也需要考虑一些自然灾害的影响。新西兰在2016年末就发生了3起比较严重的地震灾害，这对于投资当地房产的海外买家来说，还是有一些担忧的。

风险因素二：人口、经济规模较小

新西兰在全世界的位置相对偏远，尽管作为移民国家每年都会接纳大量的移民，但人口和经济规模都相对较小。而惠灵顿人口和经济规模更是小于北部第一大城市——奥克兰。这在未来可能会成为惠灵顿房产市场发展的“瓶颈”。

# 2016 年影响全球房产市场的重大事件

## （一）温哥华向海外买家征收15%的房产转让附加税

（1）简要经过

温哥华房价自2015年初开始的大涨成为全球房产市场的热点。尽管作为世界著名宜居城市之一，当地的房产长期以来表现都比较不错。但2015年和2016年连续两年20%～30%的房价涨幅仍然让政府、温哥华居民以及全球的房产投资者有些惊讶。温哥华华人众多，而华人向来对于房产投资有些高于其他族裔的兴趣。所以在当地房价大涨之后，华人也成为个别媒体和舆论的攻击对象。一些批评人士表示，正是BC省当地政府的不作为才导致当地房价在两年间涨幅超过50%，大大超出当地居民的可承受范围。对此，BC省政府在进行了不到一个月的数据收集之后，顶着各方压力在7月末突然公布向海外买家征收高达15%的房产转让附加税。此举引起社会各界不同的反响，也引发了激烈的辩论。不过到2016年底，辩论基本已经平息，从结果上看，BC省当地居民对于省政府的此举还是相对满意的。温哥华房价在2016年10月也开始出现环比下滑的迹象。不过也有分析人士指出，房价下跌趋势实际在年中已经显露，海外买家附加税只是搭了一趟便车。不管怎样，温哥华房价大涨以及政府15%的海外买家附加税成为房产市场投资者和从业人士一个非常值得研究的案例。

（2）驱动因素

① 加币贬值，海外资金大量流入。加币在2014年末原油价格大幅下跌之后一路走低，兑美元降至十余年的低位，同时

兑人民币也下降。这大大刺激了海外买家前往加拿大购买房产的兴趣。而温哥华和多伦多是加拿大最吸引海外资金的两个城市，理所当然地在这轮冲击中站到了风口浪尖。

② 利率偏低，政策倾向鼓励购房。加拿大央行在过去一段时间内保持了接近零的央行利率以刺激经济。这大大拉低了当地贷款买房的成本。在房价上涨趋势开始之后，低成本降低了投资门槛，也助长了房价涨势。在房价上涨之后，作为当地消费主体的温哥华本地人纷纷涌入市场，很多人担心房价上涨过多会影响他们未来的购房计划，所以提前进入房产市场。短期内大量的需求导致房源不多的温哥华地区价格出现巨大波动，抢购风潮随之兴起。

③ 个别高调华人引起本地居民不满。温哥华房价涨幅仅仅影响了本地购房者，而在15%的附加税公布之前，一些较为高调的海外买家购得温哥华很多高价房屋的新闻则是刺激更广泛的当地居民神经的导火索。居民对于华人留学生购得数千万豪宅的消息讨论激烈，而温哥华整个媒体在这个时期的引导让当地居民将海外买家当作房价大涨、可负担水平下降问题的罪魁祸首。尽管政府公布的数据中，海外买家在当地的占比仅不到10%，但居民仍然认为，只有限制海外买家，才能保证温哥华房市回归正常。

④ BC省2017年省内大选。BC省2017年5月即将举行省内大选，决定未来4年省内当选政府。这项重大事务让因房价高企备受指责的BC省自由党政府如坐针毡。实际上，在15%的附加税公布之前，BC省财长麦德庄一再强调，省内海外买家并不是购房人群的主体，但在民意难违的情况下，也不得不同意实施附加税政策。实际结果也显示，BC省居民普遍对于附加税政策的出台感到欣慰，自由党政府的支持率也获得了一定的提升。

（3）政策结果及后续影响

① 房价影响

温哥华房价在2016年10月和11月分别录得环比下降，不过相比2015年同期，价格指数仍然涨幅超过25%。包括销售量、库存等其他房产市场数据也显示，当地的房产市场正在回到均衡。不过很多经济学家并不确定房价的下跌是15%的海外买家附加税的功劳。实际上，从2016年2月开始，温哥华当地的房屋销售量就出现了下滑。销售量到5月已经接近回到历史平均水平。全球房产市场中，通常销售量波动与价格波动有6～12个月的延迟期。从这个角度来看，温哥华房价的回撤早在8月2日附加税新政出台之前就已经开始了。另外，温哥华房产市场向来在冬季的活跃程度要比夏季小，季节性因素也显示，附加税政策的实际效果目前仍然存疑。

② 政策仓促出台受到批评

温哥华15%的海外买家附加税受到最大的批评可能是从公布到实施仅仅用了不到两周时间。同时，附加税政策覆盖的范围包括已经签订协议的期房。这让很多买家措手不及。他们一方面已经签订协议，缴纳订金，另一方面又没能赶在8月2日之前交房。最终很多人面临巨大的未预见损失。BC省政府不考虑这部分买家的态度对一些人产生了很大影响。

## （二）澳洲房产市场改革进一步扩大

（1）简要经过

澳洲的房产市场在2014年末2015年初开始，就出现了超出历史平均值很多的房价大幅上涨现象。价格的涨幅在2015年末开始逐渐受到当地媒体以及居民的重视，因为房价的上涨已经开始威胁居民购买当地房产的能力。海外资产的大量涌入被认为是澳洲房产市场火热的主要原因。而悉尼和墨尔本澳洲两大最主要城市的居民则被认为是房价大涨的受害者。澳洲政府在2015年出台了一系列政策限制海外买家对当地房产的投机。一些政策甚至限制了不常在澳洲居住的海外买家在澳洲当地拥有房产。但在政策公布一年之后，悉尼和墨尔本的年房价涨幅仍然保持在10%左右。这迫使政府不得不进一步收紧对房产市场的监管，并加强了对海外资金进入澳洲房产市场的限制。墨尔本所在的维多利亚州在2016年4月出台新政，对海外投资者的房产印花税征收翻倍。同时维多利亚州对于闲置的海外投资者房屋征收3倍的土地税。悉尼所在的新南威尔士州随后跟上，表示将向海外投资者征收4%的额外印花税，并在2017年1月1日开始向已拥有澳洲房产的海外投资者征收额外0.75%的土地税。而昆士兰州在2016年10月1日宣布，将印花税上调至3%。

（2）投资影响要素

① 成本问题

澳洲几个州政府的新政主要的操作方向是通过提高对海外买家的印花税和地产税来控制过热的房产市场。这涉及两方面的成本问题。印花税是房产购买时缴纳的一次性税务。对海外买家的区别对待提高了外国投资者的购买成本，理论上给当地居民更多竞价的优势。而地产税则主要针对房产的持有成本进行调控。海外买家更高的地产税限制了他们长期拥有，尤其是长期空置澳洲当地的房屋。这一点将有利于为当地房产市场提供更多房源供给。

② 对华人投资者的态度问题

尽管澳洲一些媒体将以华人为首的海外投资者看做当地房价大涨的罪魁祸首，但澳洲政府对于这个问题的态度还是相对较为温和。在提高海外买家税收之后，澳洲政府部门人士表示，海外买家从澳洲房产市场中获得多种利益，他们理应为当地作出贡献。而贡献就体现在额外多缴纳的税务上面。当地政府并不特别抵制海外买家购买当地房产，他们认为只要缴纳一定程度的额外税金，海外购房投资者对于当地还是利大于弊。

③ 对未来房价的态度问题

悉尼和墨尔本房价在2016年的涨幅仍然达到10%左右。经济学家和业内人士对于房产价格的走势目前众说纷纭。一些人认为，澳洲房产正在构成一个巨大的泡沫；而另一些人则认为，房产市场目前的走势是健康的。专家意见的分歧说明澳洲房产市场目前的指示性因素表现出不确定的未来预期。但从政府对于房产市场波动的迅速反应来看，澳洲的政治家们并没有忽视房产市场的风险。政府密切关注并及时作出反应的态度本身就能够给澳洲房产提供一些稳定性。即使在未来澳洲房产市场出现新的外部影响因素，政府理论上也有回旋的余地。

（3）未来走势及后续影响

① 以澳元汇率为核心的海外资金走向问题

澳元目前兑其他主要货币仍然处于相对的历史低位附近。其中澳元兑人民币汇率在2016年末基本保持在5左右的水平。过去两年投资澳洲房产的海外投资者在目前的澳元汇率下，还不太可能大批将资金撤出澳洲。因为澳元升值的潜力仍在，这一点对于投资者的吸引力也将继续保持。所以至少在澳元汇率保持目前水平的情况下，澳洲房产的海外资金将会保持相对安定的状态。

② 澳洲房产市场的刚需及居民可负担能力

悉尼和墨尔本两个地区的总人口几乎占澳洲总人口的1/3。但两个城市的人口和经济目前仍然难以支撑对房产市场的实际刚性需求。房价的涨幅大大超过当地工资的涨幅，而且很多数据显示，悉尼和墨尔本市中心公寓市场中，人口大多数已经被海外人士占据。刚需的不足、人口结构偏向流动性以及居民可负担能力大幅下降等问题让两地房产市场存在不确定性。这个时候澳洲政策限制海外买家理论上将对房产市场产生更大的影响。政府对此也会保持关注。所以目前的情况下，政府对房价的打压预计在未来会保持适度的水平。毕竟澳洲政府也不希望房价大跌造成金融系统压力和其他经济问题。

## （三）英国公投决定脱离欧盟

（1）简要经过

英国在2016年6月23日举行了长期以来被广泛关注的全民公投，来决定是否脱离欧盟。而最终的结果大大出乎大部分市场分析人士和平民百姓的预期，脱欧阵营以非常微弱的优势战胜了留欧阵营，最终英国意外开始了脱离欧盟的进程。公投结果一出，英国人自己都不知所措了。很多投了“脱欧”票的英国人甚至表示，自己根本没想到英国能够真正脱欧。而英国脱欧之后一天，英国谷歌搜索最多的词条居然是“脱欧是什么”。在随后的一段时间里，英镑大幅下跌，而英国股市随之下挫。英国的房产市场在刚刚脱欧的1个月内遭受重大打击。尤其是高端房产销售活动大幅下滑。截至2016年10月的6个月夏季销售旺季里，伦敦超过500万英镑的豪宅仅有9处转手，销量同比下滑83%。伦敦高房价区切尔西、骑士桥平均房价分别下滑了5.9%和5.6%。而海德公园北部房价下滑8.2%。不过随着英镑大幅贬值，一些海外机构投资者抓住时机，对英国资产进行收购。这在一定程度上抵消了一些类别房产市场的下滑。但从整体的情况看，鉴于脱欧目前处于进行时，很多流程、决定仍然处在激烈讨论当中，所以绝大部分房产市场参与者仍然保持观望的姿态。

（2）脱欧时间轴

2013年1月23日，英国首相卡梅伦首次提出脱欧公投提案。

2015年5月28日,英国政府向下议院承诺将在2017年底之前举行投票。

2016年2月21日,伦敦市长鲍里斯·约翰逊(Boris Johnson)公开宣布支持英国脱欧。

2016年6月23日,英国脱欧公投于当地时间上午7时至晚上10时投票。

2016年6月24日,脱欧阵营赢得公投,时任英国首相卡梅伦宣布将辞职。

2016年7月14日,英国首相卡梅伦正式辞职,特蕾莎·梅被正式任命为英国第13任首相;原英国外交大臣菲利普·哈蒙德(Philip Hammond)被任命为英国新一任财政大臣;鲍里斯·约翰逊(Boris Johnson)被任命为英国外交大臣;Amber Rudd被任命为英国内政大臣;David Davis将被任命为英国脱欧大主管;Liam Fox将担任英国新国际贸易部门主管。

2016年8月4日,英国央行行长卡尼(Carney)宣布降息25个基点,利息由0.5%降至0.25%。这是英国央行7年来首次降息。

2016年9月8日,英国公投脱欧后经济回升,扩大至房市和就业;并有调查显示,英国中小型企业的信心未受脱欧公投打击;RICS:英国房产市场在脱欧公投后回归平静。

2016年10月2日,英国首相梅宣布将于2017年3月底触发里斯本50条。

2016年11月3日,英国高等法院宣判,英国政府必须在国会投票通过后方可触发里斯本50条。同日,鸽派卡尼(Carney)领导下的英国央行终于放弃了长期以来坚持的降息计划,货币政策委员会(MPC)表示目前情况下加息降息均有可能。

2016年12月5日,英国最高法院审理政府上诉。

2016年12月1日,退欧大主管表示,英国将考虑为保留单一市场入口向欧盟付费。

(3)后续房产市场影响

① 英镑大幅贬值,但市场不确定性阻碍海外资金进入英国

英国宣布脱欧之后,英镑兑美元一度惨跌11%,创下1985年以来的最低水平。对于想要投资英国房产的人来说,这本来是一件好事。但同时,英国FTSE 100指数一度下跌8.7%,创下自2008年金融危机以来的最大跌幅。标普公司也将英国"AAA"级别的最高信用评级下调至"AA"级别,并警告称未来可能会继续下调。整体市场的不确定抵消了英镑下跌的诱惑,目前尽管有一些投资者看中英国当地房产市场的长期回报,但整体来说,资金流入并没有特别显著。

② 伦敦金融业去留牵动当地房产市场

金融业对于伦敦乃至整个英国来说,都是贡献巨大的。而在英国宣布开始脱欧之后,各大在伦敦设立总部的外国银行开始蠢蠢欲动,考虑撤离伦敦。德意志银行和摩根大通等公司正在筹划将一些职位迁离英国,迁往欧洲其他国家。这并非是因为银行家们的个人喜好,而是因为欧盟内部的一个规定——"护照"协议:任何一家银行只要在一个欧盟成员国设立,就可以无须批准在欧盟其他成员国内开设分支机构或提供银行服务。此前由于具

有优惠的税收政策、熟练的工作人员、良好的基础设施以及处在美国和远东之间的中间位置带来的时区便利，英国吸引了众多海外银行来伦敦设立分部。影响巨大的金融业究竟能否继续留在伦敦，成为当地房产市场关注的话题。目前来看，多数人倾向于认为脱欧将会重创英国以及伦敦未来的房产需求，不过严重程度目前还不确定。

③ 英国政治不确定性增加

你购买了一套英国房产，结果一年后发现自己的房产已经不在英国了。这种情况有可能在2017年或者之后的几年内发生。苏格兰在公投前就表达了非常希望英国留在欧盟的态度。在公投之后，苏格兰方面表示，将在近期重启“脱英”独立公投的进程。苏格兰希望以一个国家的身份加入欧盟。而另一方面，北爱尔兰也表示希望开始讨论与爱尔兰重新统一的事宜。实际上，即使在英格兰本土，对于脱欧和留欧的巨大阶级、种族矛盾也开始不断发酵。整体来说，政治不确定性对于海外投资者不会产生太好的影响。英国内部以及英国与欧盟之间的政治关系都破坏了英国当地房产市场保值、稳定的性质。

## （四）美国大选特朗普意外获胜

（1）简要经过

当美国地产大亨特朗普在2015年6月16日宣布将争取共和党候选人席位竞选总统时，很多政界人士以及评论员曾经一度认为这是这位亿万富翁开的一个玩笑。甚至在特朗普参选总统的一年半时间里，大部分关于他的报道都被认为是政治笑话。特朗普讲出的一些惊世骇俗言论成为一些人嘲笑和批评的目标。即使到2016年特朗普成为共和党候选人时，主流媒体仍然倾向于认为民主党的希拉里将会继承奥巴马政府的衣钵。但2016年11月9日凌晨，特朗普在连续拿下佛罗里达、密歇根、俄亥俄等中立州之后，以绝对的选举人票数优势当选美国总统，其结果对于美国乃至全世界都是震撼性的。如果不考虑政治因素，单从特朗普大选时期的立场来看，他的上台对于美国房产市场有可能产生巨大的影响。一些城市可能会因为政策改变而房价大涨，另一些地区的房产市场则有可能成为特朗普上台的牺牲品。

（2）特朗普主要政见

① 大幅降税

特朗普和希拉里在大选之前都提出了对税制改革的看法。但相比希拉里，特朗普的税制改革更加大刀阔斧一些。特朗普提议将美国目前的企业所得税从39%削减至15%，尽管在大选时以及之后并没有公布太多税制改革的细节问题，但如此巨大的税制变动一旦正式实施，理论上将会对美国工商业环境产生翻天覆地的改变。

② 贸易保护、遏制工作岗位流失

特朗普在国际贸易方面倾向于保护主义风格。他曾经多次批评中国和墨西哥等国抢走了美国人的工作，并表示将为美国人民“抢回”工作机会。在当选之后，特朗普除了选择未来白宫团队人员，主要的精力都放在与大企业讨论将工厂搬回美国或是停止将工厂搬离美国的事宜。同时，特朗普对于北美自由贸易协定、TPP太平洋伙伴关系的态度也表现出，这位新当选的美国总统并不认为自由的国际贸易对于美国来说是一件好事。

③ 放宽金融监管

收紧金融监管、降低金融危机风险等工作是奥巴马政府8年以来非常重视的工作之一。民主党白宫团队一直希望能够限制大银行那种“大到不能倒”的影响力。希拉里在竞选中也多次表示，如果获胜，她将继续收紧金融市场的监管。但特朗普在这方面并不认同。他认为放松金融监管、放松银行放贷将给美国一个扩大投资、提高商业活力的机会。

④ 减少环保开支，大力发展能源产业

对于全球各国领导人普遍关注的环保问题，特朗普并不感兴趣。他甚至曾经一度表示全球变暖是一个骗局。尽管在当选之后，特朗普表示在观看了一些网络资料之后，他撤回认为全球变暖是骗局的言论，但他仍然表示希望大力发展美国的能源产业。特朗普不仅表示愿意对风能和太阳能进行大力扶助，还表达了对原油等传统能源行业的支持态度。对于原油企业来说，特朗普的上台看起来要比希拉里上台好一些。

⑤ 大力发展基础设施建设

特朗普在大选期间曾经承诺，如果获胜，他将会大力发展美国的基础设施建设。特朗普希望通过这种方式来进一步刺激美国经济，同时为美国人创造更多的就业岗位。不过目前他在这方面的具体计划并不多。

⑥ 外交与移民问题

特朗普上台之后，美国与欧盟、中国、俄罗斯以及世界其他国家之间的关系走势瞬间出现一些微妙的变化。特朗普对待美国盟友、竞争对手和潜在威胁的态度都与美国历届总统不同。而在移民问题和对待穆斯林的问题上，特朗普也成为最近数十年来第一位敢冒着政治不正确的立场公开抨击一个人数庞大的群体，最终还赢得美国大选的总统。

(3) 美国房产市场后续可能的影响

① 投资活跃，政府刺激带动大城市以及东部老工业城市

特朗普的国内经济政策倾向于鼓励投资、鼓励企业扩大生产、鼓励工作岗位的增加。这些政策对于最近几十年面临工作机会流失、经济疲软的美国东北部大城市来说，或许是一剂意想不到的偏方良药。尽管特朗普希望美国企业将工作岗位带回美国的想法并不符合世界目前全球化的发展方向，但如果最终他的政策能够保证美国重新获得很多流失到人

力成本更低国家的工作,那么一些人口众多城市的经济将有希望回暖。类似底特律、芝加哥、费城等城市可能重现昔日的荣光。而纽约、洛杉矶等超级大都会也会受到积极影响。

② 贸易保护或引发其他国家反抗

特朗普的贸易保护立场与目前全世界大部分国家的发展方向都不太吻合。尤其是美国最大的几个贸易伙伴——欧盟、中国、日本等,近年来都在尝试签署更多自由贸易协定来提高本国贸易的活跃程度。如果特朗普首先在美国竖起贸易保护的围墙,那么美国的贸易伙伴将可能进行类似的举动来对抗。目前这种情况发生的可能性还不算很大。实际上,特朗普本人实用主义的精神决定了,他在外贸政策上只会尝试争取更多利益,并不一定会彻底破坏目前的国际贸易格局。但贸易壁垒增加的潜在威胁对于那些以国际贸易为发展支柱的城市可能会有不利的影响。洛杉矶、纽约以及东西海岸的其他港口城市可能会受到一些冲击。如果出现类似的冲击,可能会抵消城市内部经济带来的房产市场利好影响。

③ 政治不确定性

很多人认为,从未有过政治经验且被普遍认为是“富二代”的特朗普上台当选美国总统,将会带来巨大的政治不确定性。但实际上,尽管特朗普本人并没有太多的政治经验,但他的竞选团队可谓是全明星阵容。美国顶尖的经验丰富的政治专业人士是特朗普最终当选总统的最直接影响因素之一。尽管如此,特朗普在政治上不怕说错话的态度对于很多投资者来说,仍然像是一个会走路的定时炸弹,随时可能引发政治或者经济的风暴。虽然房产市场相比其他金融产品来说,更能抵御政治不确定性,但房产市场绝对不会免疫政治不确定性。价格的走势仍然会因为政策的变化而出现或多或少的波动。在这一点上,投资者没有太多对策,只能密切关注特朗普以及新一届白宫团队的动向。

## （五）恐怖主义袭击以及难民潮对欧洲的影响

（1）简要经过

实际上，欧洲的难民危机自2010年前后就已经开始逐渐发酵，但是在2015年开始的叙利亚难民大量涌入欧洲，以及随后发生的一系列影响重大的恐怖袭击事件，导致欧洲整个社会为之震动。虽然恐怖袭击本身产生的情绪影响远远比实际的影响大得多，但是无辜群众丧失的生命本来就不能用简单的数字计算。整体来说，对于目前居住在欧洲的人们而言，他们对于难民带来的社会问题以及恐怖袭击的威胁似乎没有办法选择。但对于那些正在考虑海外投资或者移民的外国人士来说，恐怖袭击的历史则可能成为左右最终决定的重要因素。目前还没有任何具体的数据显示出恐怖袭击对于欧洲地区房产市场的实际影响程度。但没有人能够否认欧洲房产市场正在受到恐怖袭击、难民潮等问题的影响。

（2）欧洲重大恐怖袭击、难民时间表

2015年9月开始，随着欧盟对于难民政策的转变，上百万人从土耳其等地通过各种方式跨过欧盟形同虚设的国境线深入欧洲腹地。

2015年12月，欧盟各国一年的难民登记接收量暴涨至100万人。未登记者不计其数。

2015年11月13日晚间，法国巴黎发生一系列恐怖主义袭击。有组织的恐怖主义者对巴黎市区多个闹市地区人群进行扫射，造成130人死亡。警方随后发现，至少一名恐怖袭击参与者是近期来自中东的难民。

2015年12月31日至2016年1月1日的夜间,德国科隆地区著名的科隆大教堂附近发生大群男性难民骚扰和侵犯德国女性的事件。

2016年7月14日,法国国庆节当晚,一辆卡车冲入法国南部城市尼斯观看烟火的人群中,造成31人死亡、300多人受伤。

2016年12月19日,一辆载重卡车冲入德国柏林一处圣诞市场,造成12人死亡、48人受伤。

(3)房产市场的主要影响

恐怖袭击、难民引起社会问题主要集中在欧洲较大的城市。因为这些城市人口众多、经济相对发达,逃离战火的难民相对更加愿意前往大城市寻求庇护,很多人也希望能够在大城市中获得更好的照顾。同时,大城市人口密集的地区也更容易被恐怖主义者看做攻击目标。目前来看,柏林、巴黎等西欧最大的城市受到的影响最为严重。英国尽管数年前也曾经出现过重大恐怖袭击事件,但在2015到2016年的这一轮动荡中受到的影响较小。而西班牙、意大利等国地处南欧,且福利并不优越,并没有受到太多难民的青睐。奥地利等中欧国家在难民潮中成为跳板,大量难民经过这些国家进入德国和法国,但留在这些国家的难民数量有限。整体来说,欧洲最顶尖的几个房产市场受到的冲击是最大的。附近地区的治安明显降低,同时居住在当地还多了一丝危及生命的风险。从大市场上看,价格走势和房产市场实际交易看不出太多实际影响,但如果询问投资者一个简单的问题,房产投资的安全性究竟有多重要,那么很多人的答案可能都是:君子不立于危墙之下。

# 第3部分

# 兵马未动，粮草先行：资金准备及贷款申请

考虑到我们的读者大部分是已经获得或有能力获得海外投资资格的高净值投资者，我们首先假设各位已经拿到或者即将拿到前往海外心仪房产市场的签证、移民或者公民身份。那么我们就直接跳到投资房产的第一步：准备资金。

俗话说“兵马未动，粮草先行”，资金的准备工作决定了投资房产可以操控的空间。这部分按照投资者的不同存在很大差异。由于各个市场成本差距巨大，同时市场内各个不同的房产也存在很大的价格差距，投资者完全可以按照具体情况具体操作。需要注意的一点是，因为世界上绝大部分国家房产可以获得抵押贷款，所以各国贷款政策的不同将决定投资者究竟能够将自己的资金充分利用到什么程度。熟悉各国贷款政策，对于投资房产具有非常重要的前瞻性指引。

（1）美国

美国目前按照投资者个人情况不同，通常的海外购房者贷款首付金额需要在35%以上，最高贷款金额为200万美元。个人贷款额度基本是年薪或年收入的4～5倍。各大银行之间的贷款利率在4%～5%之间。中小型贷款机构申请流程会更加容易，但利率也会至少高出2～3个百分点。还款年限通常为20～30年。

（2）加拿大

加拿大政府近年来为了限制海外买家对本国房产的投资活动，进行了贷款政策改革。银行对于海外购房者的首付款要求也在35%～50%之间，贷款总金额不得超过100万加元。个人贷款额度基本是年薪或收入的4～5倍。目前加拿大的贷款利率在2%～3%之间。不过银行在审批贷款的时候要求贷款人在利率为4.5%左右的情况下仍然可以负担还款，所以对还款能力如固定收入等方面的审查较为严格。中小型贷款机构同样申请流程较容易，但利率较高。还款年限通常为20～30年。

（3）英国

英国目前对海外投资者贷款购房政策较为宽松。自住投资者首付只需20%，投资性投资者首付款最低可以达到25%。贷款的利率也按照自住和投资有所差异，自住的贷款利率为3%～4%，而投资贷款利率则为4%～5%。个人贷款额度基本是年薪的5倍左右。投资者需要提供相关的收入证明才能贷到上述额度。还款年限通常为20～25年。

（4）法国

法国整体对于海外投资者贷款要求较为严格，审查过程较繁琐，但如果能够提供足够的文件，海外投资者在当地最低可以按照25%的首付款贷款。贷款的利率最低可以达到2%左右。还款年限通常为15～25年。

（5）德国

德国对于房产相关市场的管控一向非常严格。海外投资者没有德国当地的居住权、工作的话，是非常难拿到当地银行房屋抵押贷款的。但如果投资者符合上述条件，那么当地贷款利率可以达到0.8%甚至以下。不过当地对于首付款的要求也很高，很多海外买家必须支付50%的首付款才能申请到贷款。还款年限通常为20～25年。

（6）奥地利

奥地利当地各家银行对于房屋抵押贷款的要求各异。但基本上海外投资者不交出30%到40%以上的首付款是拿不到贷款的。当地贷款利率相对较低，基本在2%以下。还款年限通常为20年。

（7）瑞士

瑞士从根本上讲是一个欢迎海外投资的国家。在房产贷款申请方面，海外投资者获得的审查与当地人没有太大差异。当地首付款最低要求基本在20%左右。房产固定利率和浮动利率之间差距较大。固定利率最低可以达到稍稍高于1%的水平，而浮动利率则在2%以上。还款年限通常为20年。

（8）西班牙

西班牙也是相对较为欢迎海外投资者的国家。当地贷款最低首付可以达到20%。当地海外投资者贷款利率在2.5%上下。不过当地通常的还款年限为15年，如果要求更高年限，那么利率可能会稍微提高到2.75%～3%之间。

（9）新加坡

新加坡申请贷款对于海外投资者来说是相对容易的。当地首付款最低可以达到20%，不过按照房屋类型和兴建时间不同，通常需要30%的首付款才能拿到理想的贷款合约。当地贷款利率在1%～1.5%之间。在全世界范围内也算是相对较低的水平。还款年限通常为30年。

（10）日本

日本目前基本上不对没有本国永久居住权或是国籍的外国人士提供贷款服务。中国台湾的投资者可以考虑在台湾银行驻日分行尝试办理类似手续。中国大陆的投资者则需要尝试寻求大陆银行驻日分行的帮助，不过这部分仍然是一个难点。如果拥有日本居住身份，当地贷款利率最低可以达到1%左右，有些银行甚至可以给到0.5%左右的优惠利率。首付款要求在35%左右，还款年限通常为30年。

（11）韩国

韩国对于没有当地永久居留身份或是公民身份的投资者的贷款管控也是相对较为严格的。不过如果投资者账户里有足够的资金，可以考虑直接与房屋公司进行分期付款。拥有当地身份的投资者贷款首付一般在20%～30%之间。最近几年韩国房贷利率上涨，近期已经达到4%～5%的水平。

（12）阿联酋

阿联酋外籍居民在当地购买自住房产的首付款要求通常在25%～35%之间。投资用房产的首付款要求在40%～50%。当地银行可以提供最高25年还款期限的贷款，但利率相比本书中其他国家要高得多，在6%～10%之间。

（13）澳大利亚

澳大利亚银行对于海外投资者和本国人基本上是一视同仁的，只要你能提供足够的资料证明还款能力和信用，首付款最低可以达到20%，不过一般的首付款大多在25%左右。当地利率相对较高，基本在5%以上。还款年限通常为20～30年。

（14）新西兰

如果没有新西兰当地的收入，一些当地银行不会向海外投资者提供贷款。不过也有部分银行愿意在首付足够的情况下承担风险。当地首付款浮动较大，最低限额按照城市、投资者资格不同可能在10%～50%之间。新西兰目前的浮动利率大约为5.5%，而固定利率则在5%上下。当地还款年限通常为20～30年。

# 附录

表1　各城市宜居相关数据

| 城　市 | 宜居评分 | 气候(平均气温、降雨量) | 城　建 | 华人因素 |
| --- | --- | --- | --- | --- |
| 墨尔本 | ★★★★★ | 10℃～21℃、650毫米 | 拥堵,治安稳定 | 华人文化浓厚 |
| 温哥华 | ★★★★★ | 7℃～23℃、1 500毫米 | 拥堵,治安稳定 | 华人文化浓厚 |
| 悉　尼 | ★★★★★ | 13℃～23℃、1 200毫米 | 拥堵,治安较好 | 华人文化浓厚 |
| 维也纳 | ★★★★★ | 0℃～20℃、600毫米 | 交通良好,治安稳定 | 华人文化良好 |
| 夏威夷 | ★★★★☆ | 23℃～27℃、400毫米 | 较拥堵,治安稳定 | 华人文化良好 |
| 多伦多 | ★★★★☆ | −3℃～21℃、800毫米 | 交通适中,治安稳定 | 华人文化发达 |
| 西雅图 | ★★★★☆ | 5℃～18℃、900毫米 | 拥堵,治安较好 | 华人文化良好 |
| 旧金山 | ★★★★☆ | 10℃～15℃、600毫米 | 拥堵,治安不良 | 华人文化浓厚 |
| 柏　林 | ★★★★☆ | 1℃～18℃、600毫米 | 交通良好,治安一般 | 华人文化良好 |
| 东　京 | ★★★★☆ | 5℃～25℃、1 350毫米 | 交通良好,治安稳定 | 华人文化良好 |
| 新加坡 | ★★★★☆ | 26℃～28℃、2 350毫米 | 交通良好,治安稳定 | 华人文化发达 |
| 日内瓦 | ★★★★☆ | 2℃～20℃、950毫米 | 交通良好,治安稳定 | 华人文化尚可 |
| 惠灵顿 | ★★★★☆ | 10℃～19℃、1 250毫米 | 交通良好,治安稳定 | 华人文化尚可 |
| 洛杉矶 | ★★★☆☆ | 14℃～23℃、400毫米 | 拥堵,治安不良 | 华人文化发达 |
| 华盛顿 | ★★★☆☆ | 4℃～27℃、1 000毫米 | 拥堵,治安稳定 | 华人文化良好 |
| 纽　约 | ★★★☆☆ | 2℃～25℃、1 250毫米 | 较拥堵,治安较好 | 华人文化发达 |
| 伦　敦 | ★★★☆☆ | 5℃～19℃、600毫米 | 拥堵,治安较好 | 华人文化发达 |
| 巴　黎 | ★★★☆☆ | 5℃～20℃、650毫米 | 较拥堵,治安较好 | 华人文化尚可 |
| 巴塞罗那 | ★★★☆☆ | 10℃～23℃、650毫米 | 较拥堵,治安较好 | 华人文化尚可 |
| 蒙特利尔 | ★★★☆☆ | −9℃～26℃、750毫米 | 交通适中,治安较好 | 华人文化良好 |
| 卡尔加里 | ★★★☆☆ | −7℃～17℃、300毫米 | 交通良好,治安较好 | 华人文化良好 |
| 首　尔 | ★★☆☆☆ | −4℃～24℃、1 350毫米 | 较拥堵,治安良好 | 华人文化尚可 |
| 休斯敦 | ★★☆☆☆ | 12℃～29℃、1 300毫米 | 较拥堵,治安不良 | 华人文化尚可 |
| 迪　拜 | ★☆☆☆☆ | 24℃～35℃、88毫米 | 交通良好,治安良好 | 华人文化不多 |

表2 各城市成本相关数据

| 城　市 | 成本评分 | 公寓均价（元人民币/平方米） | 售租比（市区） | 购买额外成本（按房价计算） | 持有成本（每年按房价计算） |
|---|---|---|---|---|---|
| 休斯敦 | ★★★★☆ | 1.3万 | 6.19 | 0.1% | 5.5% |
| 惠灵顿 | ★★★★☆ | 2万 | 20.55 | 4% | 0.6% |
| 蒙特利尔 | ★★★★☆ | 2.1万 | 19.04 | 1.4%～15% | 1.5% |
| 卡尔加里 | ★★★★☆ | 2.5万 | 16.82 | 0.1%～15% | 0.5% |
| 巴塞罗那 | ★★★★☆ | 2.8万 | 24.64 | 10% | 1% |
| 柏　林 | ★★★★☆ | 3万 | 27.70 | 15% | 0.2% |
| 迪　拜 | ★★★☆☆ | 3.3万 | 10.03 | 3% | 0.1% |
| 多伦多 | ★★★☆☆ | 3.5万 | 19.69 | 1.0%～13% | 1.0% |
| 墨尔本 | ★★★☆☆ | 3.7万 | 20.52 | 10% | 0.6% |
| 洛杉矶 | ★★★☆☆ | 3.7万 | 12.05 | 1.2% | 3.0% |
| 西雅图 | ★★★☆☆ | 3.9万 | 14.43 | 2.0% | 1.4% |
| 华盛顿 | ★★★☆☆ | 4.36万 | 12.44 | 2.8% | 2.0% |
| 夏威夷 | ★★★☆☆ | 4.7万 | 17.68 | 0.1% | 2.5% |
| 温哥华 | ★★★☆☆ | 4.8万 | 24.95 | 1.6%～20% | 1% |
| 维也纳 | ★★★☆☆ | 4.9万 | 38.35 | 8% | 0.4% |
| 悉　尼 | ★★☆☆☆ | 6.4万 | 22.12 | 10% | 1.5% |
| 巴　黎 | ★★☆☆☆ | 6.8万 | 38.23 | 7% | 0.2% |
| 首　尔 | ★★☆☆☆ | 7.6万 | 32.29 | 6% | 2% |
| 日内瓦 | ★★☆☆☆ | 8.5万 | 31.80 | 8% | 0.8% |
| 旧金山 | ★★☆☆☆ | 8.6万 | 15.50 | 1.2% | 3.0 % |
| 纽　约 | ★★☆☆☆ | 9.1万 | 19.52 | 2.6% | 4.0% |
| 东　京 | ★☆☆☆☆ | 9.9万 | 51.43 | 12.5% | 3.0% |
| 新加坡 | ★☆☆☆☆ | 11.1万 | 32.29 | 18% | 1% |
| 伦　敦 | ★☆☆☆☆ | 12.97万 | 41.31 | 1.3% | 0.3% |

表3　各城市房价短期增长潜力相关数据

| 城　市 | 短期潜力评分 | 2017年预估涨幅 | 2016年涨幅 | 增长动能 | 短期风险 |
|---|---|---|---|---|---|
| 多伦多 | ★★★★★ | 15% | 20% | 动能强劲 | 较高 |
| 西雅图 | ★★★★☆ | 10% | 14% | 较强动能 | 适中 |
| 惠灵顿 | ★★★★☆ | 10% | 8% | 较强动能 | 适中 |
| 巴塞罗那 | ★★★★☆ | 10% | 7% | 较强动能 | 较高 |
| 墨尔本 | ★★★★☆ | 10% | 9% | 较强动能 | 适中 |
| 悉　尼 | ★★★★☆ | 7% | 10% | 较强动能 | 适中 |
| 柏　林 | ★★★☆☆ | 6% | 6% | 较强动能 | 较高 |
| 巴　黎 | ★★★☆☆ | 6% | 6% | 中等动能 | 较高 |
| 华盛顿 | ★★★☆☆ | 5% | 5% | 中等动能 | 适中 |
| 休斯敦 | ★★★☆☆ | 5% | 5% | 中等动能 | 较高 |
| 迪　拜 | ★★★☆☆ | 5% | –5% | 动能不稳定 | 高 |
| 夏威夷 | ★★★☆☆ | 4% | 5.3% | 中等动能 | 较低 |
| 维也纳 | ★★★☆☆ | 4% | 7% | 动能降低 | 较低 |
| 首　尔 | ★★★☆☆ | 4% | 6% | 中等动能 | 适中 |
| 纽　约 | ★★☆☆☆ | 3% | 4% | 动能降低 | 适中 |
| 日内瓦 | ★★☆☆☆ | 3% | 0% | 动能疲软 | 适中 |
| 温哥华 | ★★☆☆☆ | 3% | 25% | 动能降低 | 适中 |
| 洛杉矶 | ★★☆☆☆ | 3% | 7.3% | 动能降低 | 适中 |
| 卡尔加里 | ★★☆☆☆ | 3% | –4% | 触底反弹 | 较高 |
| 蒙特利尔 | ★★☆☆☆ | 2.5% | 2.6% | 动能疲软 | 适中 |
| 伦　敦 | ★★☆☆☆ | 2% | 4% | 动能疲软 | 较高 |
| 东　京 | ★★☆☆☆ | 2% | 2% | 动能疲软 | 适中 |
| 旧金山 | ★☆☆☆☆ | 0% | 1% | 动能反转 | 适中 |
| 新加坡 | ★☆☆☆☆ | –2% | –4% | 下降动能降低 | 适中 |

表4 各城市长期稳定相关数据

| 城　市 | 成本评分 | 政治因素 | 经济因素 | 城市规模 | 居民结构 |
|---|---|---|---|---|---|
| 温哥华 | ★★★★☆ | 稳定 | 适中 | 中 | 多元化 |
| 多伦多 | ★★★★☆ | 稳定 | 强劲 | 大 | 多元化 |
| 纽　约 | ★★★★☆ | 稳定 | 强劲 | 巨大 | 多元化 |
| 华盛顿 | ★★★★☆ | 稳定 | 较强 | 大 | 多元化 |
| 旧金山 | ★★★★☆ | 稳定 | 强劲 | 大 | 多元化 |
| 夏威夷 | ★★★★☆ | 稳定 | 一般 | 中 | 多元化 |
| 维也纳 | ★★★★☆ | 稳定 | 一般 | 中 | 较多元化 |
| 日内瓦 | ★★★★☆ | 稳定 | 较强 | 中 | 较多元化 |
| 新加坡 | ★★★★☆ | 稳定 | 强劲 | 大 | 多元化 |
| 悉　尼 | ★★★★☆ | 稳定 | 强劲 | 大 | 多元化 |
| 墨尔本 | ★★★★☆ | 稳定 | 较强 | 中 | 多元化 |
| 柏　林 | ★★★☆☆ | 较稳定 | 强劲 | 大 | 较多元化 |
| 伦　敦 | ★★★☆☆ | 较稳定 | 强劲 | 巨大 | 多元化 |
| 巴　黎 | ★★★☆☆ | 较稳定 | 强劲 | 巨大 | 多元化 |
| 蒙特利尔 | ★★★☆☆ | 稳定 | 适中 | 中 | 多元化 |
| 西雅图 | ★★★☆☆ | 稳定 | 较强 | 中 | 多元化 |
| 洛杉矶 | ★★★☆☆ | 稳定 | 适中 | 巨大 | 多元化 |
| 东　京 | ★★★☆☆ | 稳定 | 强劲 | 巨大 | 较多元化 |
| 惠灵顿 | ★★★☆☆ | 稳定 | 适中 | 中 | 较多元化 |
| 休斯敦 | ★★★☆☆ | 稳定 | 适中 | 大 | 较多元化 |
| 卡尔加里 | ★★★☆☆ | 稳定 | 适中 | 中 | 较多元化 |
| 巴塞罗那 | ★★★☆☆ | 较稳定 | 适中 | 大 | 较多元化 |
| 首　尔 | ★★☆☆☆ | 较稳定 | 适中 | 大 | 较多元化 |
| 迪　拜 | ★☆☆☆☆ | 一般 | 适中 | 中 | 较单一 |

表5　经济学人世界宜居城市排名

| 排　名 | 城　市 | 所属国家 |
| --- | --- | --- |
| 1 | 墨尔本 | 澳大利亚 |
| 2 | 维也纳 | 奥地利 |
| 3 | 温哥华 | 加拿大 |
| 4 | 多伦多 | 加拿大 |
| 5 | 卡尔加里 | 加拿大 |
| 6 | 阿德莱德 | 澳大利亚 |
| 7 | 珀　斯 | 澳大利亚 |
| 8 | 奥克兰 | 新西兰 |
| 9 | 赫尔辛基 | 芬　兰 |
| 10 | 汉　堡 | 德　国 |

注：经济学人评选主要按照城市安全、医疗、教育、基础设施以及环境5大类30多个指标对各城市进行评分。

表6　美世生活质量调查排名

| 2016年的排名 | 2015年的排名 | 城　市 | 国　家 |
| --- | --- | --- | --- |
| 1 | 1 | 维也纳 | 奥地利 |
| 2 | 2 | 苏黎世 | 瑞　士 |
| 3 | 3 | 奥克兰 | 新西兰 |
| 4 | 4 | 慕尼黑 | 德　国 |
| 5 | 5 | 温哥华 | 加拿大 |
| 6 | 6 | 杜塞尔多夫 | 德　国 |
| 7 | 7 | 法兰克福 | 德　国 |
| 8 | 8 | 日内瓦 | 瑞　士 |
| 9 | 9 | 哥本哈根 | 丹　麦 |
| 10 | 10 | 悉　尼 | 澳大利亚 |
| 11 | 11 | 阿姆斯特丹 | 荷　兰 |
| 12 | 12 | 惠灵顿 | 新西兰 |
| 13 | 14 | 柏　林 | 德　国 |
| 14 | 13 | 伯尔尼 | 瑞　士 |
| 15 | 15 | 多伦多 | 加拿大 |
| 15 | 16 | 墨尔本 | 澳大利亚 |
| 17 | 16 | 渥太华 | 加拿大 |
| 18 | 16 | 汉　堡 | 德　国 |
| 19 | 19 | 卢森堡 | 卢森堡 |
| 19 | 19 | 斯德哥尔摩 | 瑞　典 |

注：美世调查主要针对政治、社会、环境、个人安全、健康、教育、就业、交通、基础设施以及公共服务等40多个因素进行考察。

表7 Monocle生活质量调查排名

| 排　　名 | 城　　市 | 所 属 国 家 |
| --- | --- | --- |
| 1 | 东　京 | 日　本 |
| 2 | 维也纳 | 奥地利 |
| 3 | 柏　林 | 德　国 |
| 4 | 墨尔本 | 澳大利亚 |
| 5 | 悉　尼 | 澳大利亚 |
| 6 | 斯德哥尔摩 | 瑞　典 |
| 7 | 温哥华 | 加拿大 |
| 8 | 赫尔辛基 | 芬　兰 |
| 9 | 慕尼黑 | 德　国 |
| 10 | 苏黎世 | 瑞　士 |
| 11 | 哥本哈根 | 丹　麦 |
| 12 | 福　冈 | 日　本 |
| 13 | 新加坡 | 新加坡 |
| 14 | 京　都 | 日　本 |
| 15 | 巴　黎 | 法　国 |
| 16 | 马德里 | 西班牙 |
| 17 | 奥克兰 | 新西兰 |
| 18 | 里斯本 | 葡萄牙 |
| 19 | 香　港 | 中　国 |
| 20 | 阿姆斯特丹 | 荷　兰 |

注：Monocle评分主要根据生活费用、图书馆数量、市民自由度、交通、户外活动方便性等22个指标对城市生活质量进行评选。

表8　各城市房价与平均工资比、售租比、贷款薪资比

| 城　市 | 房价工资比 | 售　租　比 | 贷款薪资比 |
|---|---|---|---|
| 伦　敦 | 27.80 | 41.31 | 190.23 |
| 新加坡 | 21.63 | 36.41 | 134.33 |
| 东　京 | 19.88 | 51.43 | 113.27 |
| 首　尔 | 17.82 | 47.39 | 121.18 |
| 巴　黎 | 16.82 | 38.23 | 103.55 |
| 维也纳 | 13.68 | 38.35 | 83.10 |
| 温哥华 | 13.12 | 24.95 | 85.65 |
| 纽　约 | 12.95 | 19.52 | 93.65 |
| 悉　尼 | 12.40 | 23.71 | 94.38 |
| 旧金山 | 12.11 | 15.98 | 85.92 |
| 巴塞罗那 | 11.73 | 24.83 | 76.18 |
| 日内瓦 | 11.19 | 31.80 | 66.46 |
| 夏威夷 | 10.01 | 17.68 | 71.52 |
| 惠灵顿 | 9.88 | 22.52 | 74.42 |
| 柏　林 | 8.84 | 27.85 | 53.46 |
| 多伦多 | 8.50 | 19.69 | 55.50 |
| 墨尔本 | 7.61 | 20.23 | 57.57 |
| 蒙特利尔 | 6.49 | 19.04 | 42.55 |
| 西雅图 | 6.00 | 14.43 | 43.03 |
| 华盛顿 | 5.96 | 12.44 | 41.98 |
| 迪　拜 | 5.80 | 10.52 | 42.93 |
| 卡尔加里 | 5.70 | 16.82 | 37.25 |
| 洛杉矶 | 5.70 | 12.05 | 40.55 |
| 休斯敦 | 1.93 | 6.19 | 13.78 |

# FX168金融研究院

FX168金融研究院是FX168财经集团下属的研究机构。

FX168金融研究院将充分利用FX168在货币市场的优势资源，进一步提升FX168在经济运行方面的研究能力和投资理财方面的鉴别能力，使得FX168更好地服务于高净值人群与交易群体。

## 产品与服务：

每年发布《全球投资市场蓝皮书》，该书分为《金融投资》与《海外房产》上下两册。其中《金融投资》主要是挖掘新一年的投资机会；《海外房产》主要从宜居与投资等角度来解读全球主要城市的房产市场

提供理财产品鉴别服务—针对FX168全球投资俱乐部钻石会员

提供货币兑换咨询服务—针对FX168全球投资俱乐部钻石会员

提供定期的投资研究报告—针对FX168全球投资俱乐部钻石会员

业务合作请联络：

4006-168-525/021—53823500(直线电话)